好久不見 靈魂伴侶

高瑞希——著

suncolor
三采文化

index

楔子——恐懼與愛的雙生性

去年，我都在處理「深層恐懼」這個主題。

十二月底，和出版社總編曉雯討論整趟旅程，因是深刻的親身經歷，口語表達自能侃侃而談，然而打開電腦，能量滿到半個字吐不出，腦袋及內在如火山爆發的滾滾熔岩，眼看它們淹沒城池，劫後餘生想調度記憶，處處是重點，不知從何寫起。

聽完今年所有發生，總編曉雯說道，瑞希，先別管文筆通順與否，美學技巧暫放一旁，妳能做的就是先通通寫下來，終究會有一幅拼圖。

用古典小說極其老套的敘事手法，大概會這麼鋪陳吧——我又重新打開電腦，緩慢思索去年的奇幻冒險，洗澡想，睡前想，早晨半夢半醒在想，嘆道萬事起頭難，整篇故事從哪說起？

聽到答案都相同，必須從學姐開始。

學姐，是我生命裡極其重要的存在，沒有她，我不會看見我的恐懼，不會啟動整年的奇異經驗，最後抵達現在的精神狀態，明白此刻的我就是最好的我，此刻即是未來，甚至能改變過去。

以及，我終於破除所有權威，回歸我跟自身靈魂的盟約。

／／／

有的前輩來到一定社會位置，曉得自身不可取代性，總有體恤及照護後輩的心，再加生命經驗豐富，閱人無數的學姐會給我許多人生建言。

甚至，當初就是她對我預言「妳會是引導他人活出自我的人」。

現在回想，不知是學姐的預言使然，還是我完全聽信其說法而自行創造的實相，我確實踏上這段艱困且孤獨的旅程。

我相當崇拜她，三不五時對讀者及朋友推薦她，將其言奉如聖旨。實際上無論當時或現在的我來看，學姐仍是一個說話鞭辟入裡、充滿幽默感且具個人風格的奇妙前輩，我的很多讀者，後來也成為她的粉絲。

一個人會對另個人產生多大崇拜，某程度就是將自身力量交給對方，這有其危險性，倘若對方說出來的話語能為你帶來至高喜悅，換言之，其給你的評判也能讓你直墜地獄。

某天單獨聚會，學姐告訴我，瑞希，妳要開始思考轉型。

彼時我的書寫主要是愛情、點評娛樂時事及老莊思想居多，我以娛樂採訪編輯為主業，那是我的生活之一，然而對長久形象的經營層面，我是想不多的。我只會寫字、只會訪談，我就書寫我生活發生的事，突然要叫我轉型，一時間，我也不曉得能轉去哪。

學姐的角度看來，這是值得憂心的事，其思索絕非不合理，極具現實導向。自媒體，是隨時會被取代的職業，現在滿大街但凡會寫字的，都能替自己掛名「作家」。

更甚，哪怕做影音，現在 App 都能幫你自動剪輯及上字幕，在家煮個泡麵拍影片都能自稱創作者，隨手拍拍美食景點影片都能輕易破萬，數位創作已成紅海市場。

會寫作，會剪片，一點都不特別。

回到我所深耕的寫作領域，現今網路時代發達，一群人見面社交說不上幾句話，到論壇都成為筆戰大師。說點實在的，筆戰也是一種文字鍛鍊，能行文通順發到留言區和人吵架，自然也能發社群，點評娛樂新聞和時事的滿卡車，能創造高流量，個人特質卻不鮮明。

我猜測學姐希望能另闢蹊徑，說我不上不下，是件好事。不下，是稱讚你寫的東西並不媚俗；不上，指的是我的文筆當下顯然不到文學獎或受到特定圈子肯定的技藝，我尚未交出代表作。

對許多作家來說，寫小說是他們渴望抵達的方向。

小說跟故事是不同的。

小說，是高度文字技巧。不是人人都能通過美學技法來說一個好故事。

曾聽聞一件圈內八卦，說某作家就是不想跟那些阿貓阿狗兩性及身心靈作家，或根本連文學獎都沒得就出書的寫作者混為一談，才想讓自己掛名為「小說家」。

任何圈子都有隱形的階級和優越感存在，文學圈也不例外。

「妳現在狀態不上不下，寫愛情能帶妳走多遠？未來假設妳幸福了，就會有讀者離開妳。」

「妳要想想妳的未來。妳已經三十三歲了。」學姐說。

上野千鶴子和鈴木涼美合著的《始於極限》有類似談話。

前者是日本權威級女性主義學者及社會學家，後者是當過AV女優的新銳小說家暨自由撰稿人。

基於對後輩的疼惜，上野千鶴子犀利詢問鈴木涼美能帶著「前AV女優」這個頭銜寫多久？假設她想成為專業作家，需像鈴木一朗，每個賽季打擊率都穩定維持在三成，否則作者不過就是可汰換的商品。

學姐及上野千鶴子，皆站在最實際面的社會學來論，讓後輩清楚弱肉強食的生態，提醒後輩需要思考永續性。

在被植入「我是不上不下」的種子後的隔沒幾天，我就和一位在藝術圈享有盛名的前輩吃飯，同席還有一位得四、五次獎項的編劇新秀。那場飯局談話，簡直與學姐的教誨形成互文。

前輩看過我寫的幾篇短篇小說，提出能朝影視化方向前行，但因個人喜好，他較為欣賞同桌那名編劇新秀，說我的故事創作是大眾會喜歡，而另個人的作品較為藝術性。

我看著前輩帶著寵溺眼神朝向那位編劇說，你是一個藝術家。

這位前輩並沒有瞧不起我，他相當鼓勵我創作小說，數度表示不排斥商業，再說天底下多的是雅俗共賞的作品，商業跟藝術絕非不能共存。

只是學姐那句「不上不下」瞬間竄進腦海，和眼前前輩的五官輪廓重疊成飄忽不定的散影。兩位老師的影子上下浮動如漣漪，提醒我是一個不登大雅之堂的寫作者，一個不上不下能被取代的創作者，及我的小說創作在無意識狀態下就和大眾靠攏，這樣的我，是否媚俗。

任何和自我探索有關的書寫，我相當關注一件事。

一旦面對讓我情緒產生波瀾的狀態，如果無關暴力及意圖明確的冒犯，對方言行不是主要重點，是我要從這種情境裡如何觀察自己。

學姐和前輩怎麼看我不是關鍵，我確定他們說出那些話也不是冒犯，學姐是出自對後輩的疼愛及保護，同時深信我的潛能；至於前輩，不過是稱讚其他人是藝術家，沒批判我什麼，他連「妳不是藝術家」這種話都沒說，一切都是我的心魔。

成為藝術家有那麼重要嗎？

地位不上不下所以呢？

上面兩句自問，已是後話。

學姐和前輩的事件間隔太近，我整個人慌亂，沒有智性自我疏導，那時我所想的是不同時空、相似談話，皆來自兩位成功人士，這令我產生很鮮明的恐懼——他們說的一定是真相，我現在是一個上氣不接下氣卻毫無自覺的泳將，極可能不明不白地在湍急河流中滅頂。

不行，我必須活下去。

我不能被取代，我要拿獎，儘管我根本不曉得有哪些文學獎，但不管，我要成為藝術家。

他們說得對，實力是最重要的，我要無所不用其極追逐實力，追求力量。我要活下去。

當時是這麼想的。

／／／

每天都被噩夢驚醒。

半數夢境呈現碎片狀，皆和寫作有關。

一次夢境場景，在大海正中央。夢裡的我，手握鵝毛筆，以海為紙，於上頭振筆疾書，靈感源源不絕，下筆行雲流水，每每落筆都在藍色鏡面留下金黃色的痕跡，如日出日落灑向海面的光影，我很快樂。

下一秒，學姐從海上走來，所踏鏡面不再寧靜，甚至捲起黑潮。她的表情陰鬱猙獰，朝我大聲說道，高瑞希，妳年紀不小了，妳要耕耘妳的實力。

「妳現在就是不上不下的。」

霎時落筆慌亂，原本金黃色的光暈也被染成濃烈的黑，手中鵝毛筆變成千斤重，明明寫到大汗淋漓，海面再無半點墨痕。更甚，夢裡驚坐起，後背全濕，彷彿被學姐踏過的黑浪濺身。

做好多次這種不上不下的夢，夢醒便趕緊坐在桌前，絞盡腦汁要擠出一篇短篇散文，逼自己不能書寫日常，非要「極具文學性」和「美學素養」，即便我他媽都不曉得什麼是文學性和美學，誰來定義這些？

我對書寫產生矛盾心理，好像喜歡它，又好像不喜歡，不快樂又迷惘，反覆思索若「從生活出發的寫作」就是不上不下，那麼該怎麼做？當務之急我要做些累積實力的事，我要讓自己成長。

時下流行吸引力法則，一個人想要什麼，全宇宙都會來幫你，無論當事者的心態是偏狹還是正面，念念不忘必有迴響。

對實力的執迷，對寫作進步的貪婪，及隱身在兩者之中那股憂懼「被取代」、「被遺忘」、「找不到工作」或「不被記得」的生存焦慮，我跑去上人生第一堂短篇小說課，那是我第一次找老師上小說課。

第一次和小說正式相遇。

我對恐懼有了嶄新洞見。

／／／

人生第一堂短篇小說課，指導者是小說家尼特羅。

被尼特羅的短篇小說課吸引，除了是專業小說家，更主要的是他的課程介紹，每個同學上完十堂課，定會生出一篇短篇小說。其實我私下寫不少短篇，清楚自己寫的稱不上小說，充其量是平鋪直述的故事，衝著尼特羅「一定會有完整短篇小說」的目標，想都沒想就報名。

尼特羅對小說技藝的理解及實作，讓我嘆服。

哪怕此刻的我厭惡造神，對權威充滿懷疑，但我還是記得那時尼特羅不過簡單提點，便將班上一位七十歲同學的五百字自我介紹，於下堂課就轉化成一篇具有小說情境的描寫，現在回想還是覺得很神奇。

尼特羅是有實力的。

那是我對「小說技藝」首次產生驚嘆，像飛機於闇夜穿破大氣層，眼前盡是大片星光和雲海的恢宏，什麼生存焦慮暫放一邊，瞬間發現小說真好玩。人類只有在一種情境下能超越恐懼、哀傷和憤怒，不是快樂，不是平靜，是能量滿溢至無限寬廣的驚奇。

我終究喜歡寫作吧？

／／／

在尼特羅課堂中寫出來的短篇小說，定名《傑作》。短篇小說情節是夢見的，三重反轉及虛實交錯，不敢說多頂尖，但就第一次寫正式小說的狀態下我是滿意的。小說女主角名叫「李允希」，她是網紅。我明擺著將李允希作為投射，給她的其中一個設定，是她熱愛寫字，是喜歡寫作的網紅。

短篇小說行經到五、六千字，尼特羅在班上進行檢討會，在不說明小說結局的狀態，同學們將目前行經內容彼此傳閱、進行文本分析，須給對手誠實評價，才是對作品的尊重，能讓大家有優化作品的機會。

文本批評會上，同學毫不留情。

「妳說李允希喜歡寫作？」同學問。

「對。」我堅定點頭。

「可是我在整個小說裡是看不到的。」

「我看到故事脈絡，是李允希全程都被外部環境推著走，她全部是恐懼在驅動她去做所有的事情，她根本就讓我感受不到她愛寫作。」

我在同學的砲火聲響下陷入沉默，身旁的尼特羅出言鼓勵，瑞希，妳是這篇小說的創作者，妳要反擊。

我卻如鯁在喉，終至艱難吐出幾字。

「我想反擊。」

「可是怎麼辦，我覺得他們講得很有道理。」

那晚，我沿途哭著回家。

我又試圖重新拼湊自己和書寫的關係。

十年前因工作的重大失誤，我為探索自己的匱乏感而啟動書寫，本源是「自我療癒」。

伴隨粉絲專頁被越來越多人閱讀，我驕傲自己沒有做取巧的追流量行為，依然書寫我的生活，起初是開心且什麼都不想，後因學姐影響，驅動我來上小說課。

是呀，我好像沒有喜歡寫作，我的確都是被外部環境推著走的，原來我就是李允希。

可是，我對尼特羅精湛的小說技藝感到驚嘆，這又該怎麼說？

書寫《傑作》期間，我深刻知曉我和李允希共同呼吸，她就在我的旁邊說話，我會假想她的聲線是有別於我的沉靜嗓音，她有雙大眼睛，和我的狐狸眼是不同的，我對她有豐富情感。

所以，我不是李允希呀！

另外，好幾次在書寫小說時抬頭，便是八個小時、十個小時過去，胃部及膀胱停止作業，我確定進到另一個結界，肉體會因為我指尖的舞動而凝滯。甚至奔向結局，要送走李允希，我捨不得她，我愛她。

我是李允希，我又不是李允希，我是誰呀？

我和李允希一樣都被外部環境推著走，被生存焦慮所驅動。

可是我該如何解釋自己和小說共舞時的無數個小時？那個平靜、投入、喜悅、驚嘆又是萬分真實。試問如果不喜歡做一件事，能進入心流超過十小時不停歇嗎？

我曾經哭著問尼特羅這個「我是誰、我不是誰」問題，顯然寫小說寫到陷入沙特存在主義式的詰問。

尼特羅瞇眼笑道，妳就是妳呀，妳是妳媽媽生的呀。

卻是他的這個玩笑，指引我看見我的母親。

這一切，都串起來了。

／／／

我的母親是一位芳療按摩師，四十歲創業成功。

此前有七年沉潛期，我和母親度過一段經濟條件堪稱艱苦的時光。

每週假日，母親會帶我在深坑圖書館待整天，我待在兒童圖書區自己找文學閱讀，母親則抱一疊美容相關書籍進修。如果圖書館公休，我們會去二輪戲院花八十元連看四部電影，我的童年是環繞在書堆和電影度過，雖像文化人生活，卻非世俗認定的優質環境。

隨著母親的芳療館生意越來越好，母女雖不富有，卻能過上衣食無缺、不被親戚嘲笑的日子。

書寫第一本書《相信自己，才是完整的你》，其中有個章節，我用神話學大師喬瑟夫坎伯（Joseph John Campbell）的論點作延伸，提及人類終歸是「遵循內在喜悅」做事，唯獨遵循靈魂深處的熱愛，方能得到生命最極致且無畏的拓展。

若沒有學姐踢這麼一腳，我一度沾沾自喜，自認遵循內在喜悅寫作。

／／／

幾年前，我問母親喜歡芳療跟按摩嗎？

母親回答，沒所謂喜不喜歡。

對一個高齡、離婚、單親媽媽的處境，美容按摩是轉職最容易上手的工作，只是後面母親發現自己挺擅長這件事，就一路做到退休。

我很不滿意母親的回答，試圖引導。

「所以妳還是喜歡的吧？」

「真的還好。」母親滿臉困窘。

我瞬間激動起來，對母親發表慷慨激昂的演說，媽媽，妳怎麼會這樣呢？

一個人怎麼可以不知道自己喜歡什麼？

「媽媽，人是要遵循內在喜悅做事的！」我高聲疾呼。

母親大笑，我會創業是想要養妳，我怕我們會餓死，我想的就是這樣。

「我想讓我們活下去。」她說。

尼特羅的無心戲言，我浮現多年前和母親的對話，通過母親跨時空的回應，徹悟我跟書寫的關係。

不少身心靈療癒師或身心靈作家，視恐懼為大敵，我們必須面對它，破除它。我們看見它後必須得做些什麼。然而無論和小說相遇，抑或母親開展新的事業大局，驅動我們的全是恐懼，但存在於這份恐懼的內核，又不全然是恐懼這麼簡單。

迫使母親創業的源頭，是想活下去，是想養活我。

可是，為什麼會生出這個生存焦慮？

因為她愛我。

正因我的出生，她想要給我好生活，卻深怕自己給不起，不惜用七年堅持

（我敢說她願意不只七年），最後迎來事業爆發。

乍看是恐懼帶給她源源不絕的生產動力，底色卻是愛。

我與母親的路徑有點相反，核心是一樣。

學姐說我不上不下，再來是藝術圈前輩讓我萌生想追逐藝術家這種看似上等的頭銜，然而，有些人想追一個藝術家頭銜，跟「愛藝術」半點關係都沒，不過是擔心在這個社會沒有位置，像某位企業家朋友就告訴我，許多富人分明不懂藝術，硬要蹭一下，只因顯得他們地位崇高。

前輩們的敲擊，讓我對寫作產生生存焦慮，無法認同我的作品，甚至瞧不起自己寫得太大眾和商業，遂想去追求實力，並粗淺地將實力跟文學性勾在一起，忘記能夠寫得商業跟大眾，本身就是一種實力。

我對寫作不再純粹。

我執迷追求力量，和那些虛偽的人差不多，藝術算什麼東西？我要的就是位置，我怕我被沖刷掉，我怕被拋棄，我怕我活不下去。

頃刻間，我見到所有的貪嗔癡的慾望身後，躲的盡是軟弱，都是怕受傷、怕被遺棄的孩子。

但，就是這個「恐懼沒有位置」的心理狀態，驅動我報名短篇小說課，巧妙地讓我和深愛的故事相遇，深度體驗和角色共存亡的歡快，連雕琢技藝都慎重以待，我很確定我是愛寫故事的，它不是職業，而是志業，兩者差異就是，我可以用漫長的時間、摔成爛泥的結果去換、去堅持。

感受到恐懼，激活野生的生命力，帶我找到愛；感受到深愛，激活想要守護的恐懼，帶我媽媽進行靈魂的拓展。

恐懼和愛，始終纏纏綿綿，即便你今生今世都活在恐懼裡，倘若你沒有因為恐懼停下腳步，它終將帶你找到愛，看見輝煌。

那天在輔大演講，我告訴學生這段故事。

我對他們說，你們現在不管是什麼心態，恐懼也好，憤怒也好，哀傷也好，緊張焦慮也好，什麼都好，就往前走吧，腳步不要停，哪怕走得跟烏龜一樣慢，千萬不要停。

不要停下腳步，都會迎向光。

Part I

回到恐懼的源頭

我發現自己是不斷在生長的大樹，
日日拔高，開散枝枒，可是整個樹幹是空心的，
我不知道是什麼在推著我前進。
我想要「真正的接納自己」，
不是一下接納，一下又討厭自己。

恐懼，來自於害怕不被愛？

將我喚醒的是掠過鼻尖的潮濕鹹味，提醒車子將駛入海灘。

望向身旁開車的巫女瑟西，她知道我醒了，嘴角掛著微笑，眼神沒有看我，盯向前方漸漸鋪展開來的大片蔚藍。凌晨的海，天邊雲霧輕撫海面，與海上水氣模糊成一條線。視線上移，月亮與日出正準備交接，天是安靜的，地也是安靜的。

瑟西終於開口，這裡隱密，沒什麼人，今天就在這火祭。

天色半光半暗，腳踩海灘的黑色細沙，瑟西在前頭開路，沒用手機手電筒，全憑熟悉的夜視能力。我的視線緊鎖她的薩滿鼓和彩色披風，那是唯一能在暗處辨別的羅盤。出於對古老儀式的好奇，包含對她的信任，我對這個地方不會陌生，反而有很多興奮。

她領著我來到一個空地處，四周是大大小小的漂流木。要我不要撿大的，看有沒有小樹枝，拿來生火用。撿拾的時候，除了挑些投眼緣的樹枝，也可以對它們許願，看有沒有想要被火焰釋放什麼，或重燃什麼。

抵達海灘空地前，因全神留意腳下碎石、砂礫和木屑，我早已進入靜心狀態。眼神搜尋漂流木，我到底想要重生什麼？有沒有想放掉什麼？

我不確定我想要重生什麼。

但對於放掉什麼，我心裡是篤定的。

見瑟西前，我總在一個重大議題反覆兜圈，叫做「權威議題」。

我很容易被比我年紀長、閱歷豐富的人影響，於事業，於關係，都有這個怪現象。

會對前輩的關心產生恐懼，從原本喜歡寫作分享，到後來執著轉型，不過證明我瞧不起自己，無法接納我自己；當前輩稱讚其他後輩，我會覺得別人寫的東西夠詩意就是高級，自己這種大鳴大放的狂氣不會被欣賞。

我到底怎麼了？

這麼容易被人家影響？

曾經，我變得在乎高級，在乎成功，在乎專業寫作者怎麼看我，在乎國際大品牌怎麼看我。精心研究網美照要怎麼拍得時尚感，跟朋友勤跑大品牌記者會想認識別人；寫作方面每日照樣五千字練筆，還在通勤、泡澡或睡前抓緊時間看小說，特地買寫小說的工具書。

我偶爾快樂，偶爾失落，偶爾疲憊，偶爾還會被比自己優秀太多、優秀到自己追不上的同儕影響，產生巨大無力感，我清楚自己不討厭同輩，我討厭的是「不是天才」和「不是天生藝術家」的我，即便想完後自覺可笑，可是會想就是會想。

不快樂所佔據的比例，依然比快樂及滿足感來得高。

當一個人的自我探索走到一個階段，通常會來到：是呀，我看到了，但然後呢？

我還是這樣反反覆覆。

過往演講常跟讀者說「覺知即覺醒」，看見就好，改不改無所謂，就接納這些全是你。

這個說法確實是真相。

只是自我催眠與真相同樣隔著精微的一條絲線。有些行動及意識已經深到遠遠超過今生的原生家庭和現世經驗，和你的祖先，你的多重宇宙有關，要改並不容易，你就算願意改，不過是沒有看到夠深。

一旦看得夠深，頓時不願意改了，遂形成大腦詭計，合理化所有停滯不前，包含我曾無數次安慰自己，我的靈魂也許今生就想體驗權威議題，才會一直破不了關吧。

既然無法破關，那就別破了，讓祂盡情體驗。明明這麼想，但我心裡又不開心。

因凝視深淵是可怕與無助的，我曾經會想用新的經驗覆蓋，看似自我超越，某程度是一種逃避。

對某些人來說，逃避是有用的，有些創傷大到他現階段必須逃避才行。宇宙真理是黑白太極，彎彎繞繞，必須帶著敏銳的覺察，清楚自己到底是真心接納，還是害怕受傷不敢向前的被迫臣服。

我原本是逃避的，用不同新經驗來逃避；我原本是安慰自己這是我靈魂要的，我終生都不想破這種「在意外界、權威、親友眼光」的框架，因為這是我靈魂要的。

就這麼轉了好幾年。

現在就是受夠了這種反覆。

我發現自己是不斷在生長的大樹，日日拔高，開散枝枒，可是整個樹幹是空心的，我不知道是什麼在推著我前進，就算知道還是一直矛盾的行進著，安慰這是修行路，大家都一樣矛盾，正常啦，接納你所有的矛盾吧！

可是這種自我超越，真的是自我超越嗎？

還是根本自我感覺良好？

我想要「真正的接納自己」，不是一下接納，一下又討厭自己。

每個人都喜歡看小說跟電影，跌宕起伏的劇情具有張力、鼓動人心，但現實人生裡每個人依舊渴望身心平靜，哪怕是演員作家都一樣，沒人希望自己大部分情緒都一團糟，否則心靈雞湯就不會是顯學了。

／／／

按照瑟西的指引，每撿一根木柴，我都在心裡對它們命名。

「你代表我對權威的恐懼。」

「你代表努力想證明自己。」

「你代表我的偶像崇拜。」

「你代表我的自我懷疑。」

「你代表的是無法信任未知。」

撿一根，念一句，木柴拾成小山，我環抱走向空地，像呵護長年壓力過大的自我，他就像一個嬰兒，準備在火中受洗。

瑟西擺好石頭結界，薩滿鼓被她揹在肚腹。

她生火，雙手舉高，望向天空念咒，句子記不清，只記天空爸爸與祖父、大地母親、偉大的靈、東方的鷹，美洲豹母親與大海母親，感謝降臨，我們在此處為您演唱，請您們協助我們穿越幻象，直臨恐懼，請火焰給予啟示。

鼓鎚一下，振動擴散。

火焰巧妙附和鳴響，爆出點點火星，灑上我的小腿，卻沒有刺痛，可能是海風帶來的些微水氣，也可能真有一股我無法言述的能量，無論是什麼，當耳邊傳來瑟西堅定的動物叫聲及穿插的吟唱，我全身的毛細孔都立正站好。

那是一種野性的呼喚。

鷹叫、狼嗥、虎嘯、雀鳴，配上海風呼聲、樹林唰唰的聲響，還有前方火焰燃燒木柴產生的劈里啪啦的碎裂聲，組合一個多聲部合唱。

伴隨瑟西的唱響，跑馬燈似浮現一個又一個的畫面——國高中陷害霸凌我的女同學、剛出社會在編輯工作犯下重大錯誤的我、連續當小三的我、被男友劈腿的我，有過混亂性關係的我，傷害我的人，我傷害的人，不同時空角色互換，愧疚、自責、自我厭惡、後悔、好勝心、嫉妒心，所有毛線球般交纏的回憶，被瑟西的鼓聲和高音梳成筆直的線。

坦白說這些不堪過往，早就在第一本書前，我在社群或私下書寫就逐一梳理，比較偏向一個總整理。

然而有個畫面，倒是反覆穿插出現。

那是一個我以為我已經遺忘的男人。

阿龍。

阿龍曾出現在第一本書《相信自己，才是完整的你》的最後一篇文章，是大我十二歲的男人，和我僅見面一次，沒有親密關係，卻有深度的深夜談話，聊了父母、家庭、性觀念和婚戀觀，不過第一本書，有些事沒有說完整。

那晚結束，我初次感受何謂一見鍾情。

第一眼見到阿龍，我就喜歡他，對他有一種熟悉感，不過基於過去七、八段曲折的情感經歷，未知且濃烈的第一眼直覺是危險的，這股對危險的提防使我在剛見面表現得謹慎克制，試圖以理智分析評價整體的約會氛圍、觀察阿龍的個性，但所有邏輯全在那晚的車內談話一一崩解。

我們有相同的痣，刺青相同位置，雷同的生命經驗，相同氛圍的外貌氣質，可是我們的個性卻如此不同。我喜歡他，我清楚他是我，似在地球失散的異父異母的雙胞胎。

那時太心急，想掌控關係局面，受不了阿龍的緩慢，他不斷提到「給我時間」被我視為花花公子的拖延戰術。在來來回回喬約會不順，嘴上說喜歡、行動持續不一致的情況，我將阿龍推開，指責他說謊、半點誠意都沒有，坦白說這頓臭罵帶有決心，清楚自己罵得夠狠，他就不會一下來找我一下又消失，我不想要讓他繼續影響我的情緒，斬斷是唯一解法。

必須得說，非常有用。

阿龍沒有和我互罵，僅淡淡說句，妳以後不要再來找我了。

而後，我們互相把對方封鎖。

策略成功後，我格外開心，向姐妹大喊，耶，我過關了，這是宇宙要考我樹立界線，別讓不尊重我的人繼續留在我的生命裡。

到阿龍離開一個月，我立刻明白他帶給我的祝福，是令我看見這麼急迫、這麼捱不住在情感關係裡等待，是因我對自己、對未來缺乏信任，一個內在足夠完整的人，是能夠讓關係張弛有度，以一種水到渠成的步調經營，且會對自身擁有強烈信心，哪怕對方不選擇自己，也不是對自己的否定。

我對阿龍有抱歉。

時間繼續走。

一年多過去，阿龍的臉龐逐漸模糊，和過去好幾位男人一樣，以為是人生插曲。

所以，當他的臉龐在巫女的火祭數度浮現，連我都感到震驚。

薩滿鼓聲漸歇，火焰變得越來越小，陽光探出頭。

我向瑟西提出疑惑，我以為會看見某個權威，或某種恐懼。

「可是我卻看見了一個我曾經喜歡的男人，為什麼？」我問。

瑟西說，很正常。

「愛情向來就是快速成道的方式。」

╱╱╱

瑟西要我盤腿坐下，看向遠方被晨光照得溫柔淡黃的海，引導我先做三次深吸深吐，聞聞東方的風、地上的土、飄過來的鹹鹹海味，感覺進入被大自然媽媽柔情深擁的狀態，要我閉上雙眼。

「妳現在會看到，阿龍的靈魂出現在妳的眼前。」瑟西朗聲說道，並敲一下鼓。

伴隨瑟西的召喚，阿龍出現了。

這讓閉眼的我大吃一驚，這是清醒的催眠嗎？

我看向眼前的阿龍，他穿著自家料理店制服、包著日式包巾頭套，嘴唇抿成一條線，眼睛炯炯有神。嘴唇和眼睛是阿龍五官最精緻的地方，和他的名字一樣，他有雙東方龍的敏銳眼神，我常想他的守護神應該是龍，是一頭黑色與靛藍色相間的龍，他自己搞不好也清楚這件事。

「妳看到他了嗎？」巫女再確認。

「嗯，看到了。」我答，眼睛持續閉上，看著阿龍的偉岸身軀，聽見自己緊張的心跳聲。

好，巫女說，我們問問大海媽媽跟美洲豹母親，妳有什麼靈魂碎片落在阿龍身上？

儘管心裡覺得怪，為什麼要問美洲豹母親？

我還是照做，念道，請大海媽媽及美洲豹媽媽給指引，我有什麼靈魂碎片落在阿龍身上。念完後，便是等待，等待內心浮現任何訊息及畫面，這部分倒不陌生，平常進行覺知書寫習慣，知道潛意識訊息的抓取，總在靜心冥想浮現。

訊息來得奇快。

念完問題，瞬間浮現青草地和一群母海豚的畫面，母海豚在青草地悠遊自如，是一個超現實場景，但因從小就做預知夢和穿梭多重宇宙的夢境，對這個現象不感到奇怪，還感受到一種擴大的溫柔。

「溫柔。」我悄悄地說。

這個靈魂碎片是溫柔。

呢喃「溫柔」的同時，過去與阿龍的相處回憶也被勾織進來，當初在車內深談後確認自己愛上他，是聽見他講述和母親相處的過程。

阿龍是獨子，父親在他國中意外過世，母親一手帶大。他的生命經歷豐富，二、三十幾歲工作四處漂泊，當過工程師、業務、經紀人，近四十歲轉職開了間料理店，在台中小有名氣。

阿龍說，早年沒時間陪伴母親，現在母親失智，想多花時間陪她。還給我看了他和母親鬥嘴的手機錄影，母子互動溫馨。

那晚我問他，如果母親過世了，你會難過嗎？

他平靜地說，會呀。

「可是我相信那時候，我會有我的老婆跟孩子，而且創業到現在，我每天都和母親創造美好的回憶，所以我不會遺憾。」

阿龍的聲音從胸腔至喉頭傳出，帶有堅實的篤定，及深沉的溫柔。我清楚他的話沒有半點虛言，柔軟得讓人心疼，曉得這個男人經歷許多不容易，他想要有個家。

瑟西的聲音穿進了我的回憶。

「妳現在把這個『溫柔』拿回來，放回到妳身上。」她繼續說，「這個溫柔，妳會放在妳身上七個脈輪的哪一個？」

印度七脈輪的概念，早在印度就萬分熟悉，頂輪是宇宙、眉心輪為直覺、心輪是愛、胃輪屬相信、臍輪施展創造、海底輪扎根行動。此刻，畫面再度回到青草地和母海豚，它們向我緩緩飄來，我看見心臟位置亮起綠燈，允許他們進入。

「心輪。」我說。

「好，放進去。」巫女說。

青草地和母海豚變成一束花圈，類似《復仇者聯盟》鋼鐵人胸前的那顆生命圓盤，我見花圈緩緩嵌進體內，胸口頃刻變得扎實，瞬間鬆脫某種長年的鬱悶，我舒暢吸了口氣，說不出所以然，只覺自己有些東西完整了。

巫女問我感覺如何？我說很好。

她說，我們繼續搜尋，還有其他靈魂碎片落在阿龍身上嗎？

我的眼神依然閉上，心裡重新召喚大海與美洲豹母親。一樣地，訊息以秒速抵達，這次畫面全黑，只有很扎實的一個詞，還是用毛筆字寫的，字跡鏗鏘有力，有力到彷彿是我生命中最大的支點。

「安全感。」我說。

遇到阿龍前，我以文字進行自我探索已經到新階段，清楚過去幾段感情，容易被事業有成、有才華、有錢，或是願意腳踏實地的男人吸引，又或是他們一定要長得高高胖胖，這會讓我有安全感，後面卻發現他們沒有一個能帶給我安全感，全是虛無的幻象。

我更觀察到他們追逐成就的根源，竟和我一樣，都是沒安全感讓他們如此。不斷被這類模組的男人吸引，是因內在的安全感信念不足，我根本不接納本然的我，倘若不抓住讓我有安全感的事業和伴侶，我就會害怕被世界否定、被人家大小眼，卻忽略人家大小眼對待我，和我這個人並無關聯，是他們被社會框架影響，認為這樣才能帶給自己利益、那樣則讓自己無益，他們都是沒有安全感的人，跟我這個人本身的存在半點關聯都沒有。

在感情喜歡爭輸贏也是如此。

我曾是別人的小三，儘管曉得自己被騙，但明知道男人已經有伴侶，清楚自己沒多喜歡這個人，仍產生莫名其妙的執念，因發現如果我沒有搶贏那個原配，我會覺得自己被否定，好像那個女人比較好，我比較糟一樣。以及，過去我在感情無所不用其極地討好和委屈自己，想讓自己變成男人喜歡的模樣，也是不希望對方離開我。

安全感，相信自己，相信命運。這股堅定、積極且健康的陽性力量，心理學上的阿尼瑪斯，神聖男性之力，我是如此缺乏。

但真相是，自始至終我是完整的，我不是值得被愛，我是已經。

我很早就看見了，為什麼還會出現「安全感」呢？

瑟西讀到我的意念，問，妳一定覺得很奇怪，妳早就知道問題，怎麼靈魂碎片還是沒有找回來對吧？

我嗯了一聲。

柴火劈里啪啦響，我感覺到陽光照在我身上，想著現在不曉得幾點了？巫女要我先睜開眼睛，有話想告訴我，從陽光撫在臉頰的溫度，還有終於聽見鳥鳴聲，我判斷我們已經坐了超過三小時，現在應是吃早餐的時間。

「妳是宇宙中的高階靈魂，『看見』對妳是不夠的。」巫女說。

「覺知即覺醒，那是別人的靈魂，不是妳。瑞希，妳的骨頭裡流著的是戰士血液。」

「妳的靈魂密鑰是『活出自我』，一個活出自我的靈魂，不會滿足於只有『看見』，祂會真的讓妳從行動裡做到，妳才會有辦法寫出步驟，讓其他人一一做到。」

「最後，妳的這個法位會由其他人傳承，妳又會進階到下一段。」

「妳的讀者是幸運的，他們會隨著妳活出自己，然後引領其他人。」

巫女瑟西嘆氣，妳現在會覺得很辛苦，以後就不會了。

「妳之後一定會突破，今天不過是開始。」

語畢，她要我重新閉上眼睛。

///

我再次見到了阿龍。

阿龍有藝術細胞，他很會畫畫，我的視線落在他拿著毛筆的手，驚覺方才那個大而威猛的「安全感」墨跡出自他手。我輕輕一笑，說，我想把這份安全感拿回來，放回我身上，你說好嗎？

阿龍消失。

安全感三個字逐一飄起，變成三顆大寶石，寶石升空，破開來，灑下點點雨水，明明落在身體上，其他部位卻沒被打濕，僅沾溼肚腹位置，我當即曉得，這個「安全感」的碎片必須放進胃輪，那是象徵相信、象徵穿越恐懼的脈輪。我的嘴巴再度行動，大海媽媽與美洲豹媽媽，請將安全感的碎片，融進胃輪，成為我的一部分。

肚子產生振動，溫熱，擴張，歡快，瞬間有種篤定的力量。我清楚它回來了，又是一個回歸完整的扎實感。原來阿龍的溫柔，阿龍帶給人的安定感，這些元素我一直都有，卻沒有被我記起。

瑟西要我睜開眼，結束了。

／／／

觀想裡，我從阿龍身上拿回安全感，拿回溫柔。

我竟產生比過往更豐盈的愛。

淚水不停落下。

「他是你的靈魂伴侶。」瑟西說。

「靈魂伴侶，是要讓妳重新憶起，妳自己是誰。」

靈魂伴侶相遇，是處理內在陰陽分裂，他不會只有一位，如果當事者並沒有在行動上扎實衝破，那麼他是會遇到換湯不換藥的親密關係。

每個肉體降生之初，因社會倫理道德規範，或被外界龐雜資訊影響，我們的陰陽能量是不平均，有些關係才會有所謂「互補」情形發生。

然而靈魂要肉體學的，並非讓一個人去補你，是你必須清楚你既能溫柔接納自己，也能積極堅定地追尋，神聖陰性與神聖陽性都存在於你身上，你是完整的，而你不斷在追尋的位置，藏在你的內在，屆時將有至高喜悅。

你就能主動創造命運。

「妳要找回妳的神聖陰陽，真正愛自己。」瑟西說。

再一次，依然選擇迎向恐懼？

告別阿龍不久，我就遇到里昂，認為宇宙在跟我開一個玩笑。和里昂初次見面，在一場身心靈課。

通常身心靈課程的情境，重在同學智性層面的交流，不需知道職業、經濟水平等外在條件。即使班上有人曉得我的作家身分，他們也心照不宣，讓我好好感受課程，知道也當不知道。想當然，從小到大都在國外就學和工作的里昂就更不知道。我沒有向他細說我的工作內容。

里昂也是。

他沒有多說工作細節，僅在課堂需要分享童年議題時，向我提到自身學歷及事業狀態，扛下不少人的期待。常從里昂濃重下沉的聲調及緊繃的下顎和肩膀，搭配惜字如金的發言，隱約感覺他並不快樂，頃刻又會對他不合時宜的笑容（俗稱皮笑肉不笑）疑惑不已。

每每訴說往事，里昂口吻皆波瀾不驚，掛上親切禮貌的微笑；同學課後聚在一起談天，里昂靜靜在旁聆聽、偶爾探問對方，維持一貫紳士姿態。坦白說里昂的和煦回應，是男男女女會願意靠近的理由，尤其是女人，妳能感受自身經驗與情緒被無條件接納。

起初，我有被里昂這種內斂溫和的人格特質吸引。

還有一個更重要的——里昂與阿龍，幾乎一模一樣。

他們年紀相仿，都有雙炯炯有神的大眼睛、剛毅筆直的下巴輪廓、同等的身高及肩寬。他開著和阿龍同廠牌的車，車牌號碼甚至僅差一個數字。他有著和阿龍同樣悅耳的聲線。若非從小在國外長大和工作，我曾想問里昂是不是台中人？認不認識一個開日本料理店的男子？想著你們也許是失散多年的雙胞胎兄弟。

課程短短不到兩天，我發現我喜歡上里昂。長年深耕自我挖掘的寫作卻令我清楚，這份喜歡明顯是投射。我喜歡里昂，卻不是「真的」喜歡里昂，我把他視為阿龍的改良版，一個彬彬有禮、溫文儒雅的阿龍。

伴隨著課內及課外的觀察，並聽取其他同學的分享，我迅速察覺里昂在人群前的零負評形象，乍看是暖陽，實則罩上一層霧，陽光若隱若現，當光芒持續一年四季卻無風又無雨，不免懷疑那些風雨飄搖去了哪裡。這個男人總是在接住所有人，那麼他呢？

我一度對里昂生氣，在班上和他鬧矛盾，認為他的客氣帶著討好意圖的疏離。更甚，我還在女生宿舍對室友大肆批評里昂不真誠，卻在宿舍熄燈當即後悔，發現自己的怒火不過是委屈，及投射消融後的失望。

會感到委屈，是排除揭露作家及 KOL 的身分，我對里昂（還有其他同學）皆坦露所有，但是我卻懷抱期待，除渴望真實的表達能被人理解、被人接納，更希望別人能同等以待，卻忽略每個人處理情緒和人際關係的方式不同，不願意對他人的界線保有彈性。

投射消融的失望，是了解里昂的行動模式終歸和阿龍不同。阿龍對情緒的表現向來火爆攻擊，里昂則是內耗討好。我的失望是對自己，竟將兩位屬性不同的男人擺在一起，這股失望波及到了無辜的里昂。

我躺在宿舍硬邦邦的床上翻來覆去。

當時季節是冬天，我的床位在窗戶正下方，室內室外溫差大，窗戶玻璃有層淡淡的霜氣。我就這麼盯著玻璃窗的冰冷水霧發呆，心想明早要和里昂道歉，這股急迫竟一時讓我睡不著了。

還有，我想要好好了解他。

／／／

隔天我鼓起勇氣，午餐時間約里昂吃飯。

我向里昂吐露自己的發現，接著提出這幾天的觀察，問他是否從來沒對別人表示憤怒，「你對你的脆弱小心翼翼，會根據不同同學的個性，去說讓人們心裡舒服的話。你有這樣對待你自己嗎？」我小心翼翼地探問。

「你的表達會順著我的毛摸，我很開心。但一方面我覺得沒有被你尊重。我想讓你知道，我並不害怕衝突。而且我想跟你當朋友。」

桌上飯菜一口都沒動，我的目光都在里昂身上，曉得目的本來就不是吃飯，是想好好認識他，但其實心裡還是想著如果這個男人照樣掛著麥當勞叔叔的躲閃笑臉，我應該沒動力繼續認識下去。哪怕明白自己不應該對別人要不要跟我深入認識懷有期待，現階段還是做不到當一個熱臉貼人冷屁股的聖母。

里昂沉默半晌，和我一樣對飯菜漠不關心。他向來食量不小，午餐夾一堆菜跟肉，但顯然我的提問是他食不下嚥的理由，甚至，因太過專注思索，里昂已沒有辦法控制自己的嘴角和眼神。

他失去神采奕奕的笑容。

「妳說的沒有錯，我幾乎沒有生氣過。」好不容易地，里昂艱難地擠出這句話。

他向我說起故事。

／／／

里昂是一名創業家，其事業名聲享譽國際，與他合作過的企業家或品牌，不是早已史冊留名，或至今全球知名。除是國際頂大畢業，里昂在其專業領域的實力，總讓他結識到世界級的富豪，或與外國政府交流，並得到他們的倚重。

里昂不是菁英男，是菁英中的菁英。

這是他不輕易對別人坦誠底細的原因，因這個身分會讓他人對他另眼相待，而這份另眼相待，給予他強大的心理壓力。

他在外頭連抽菸都不敢抽，深怕被他人看到而對他有不好觀感；自小在國外就學、工作都是周遊世界，他的人生多數在漂泊裡度過，當一個人照顧自己已成習慣，甚至進展到在事業領域需要思前顧後，容易養成收斂自身情緒的傾向，一切皆以大局為重，便是不知不覺討好。

「我小時候就是一個很敏感的人，能夠察言觀色知道別人的需求，我在付出裡會感到快樂。」他說。

當初里昂成立公司，是喜歡跟群體連結。在校期間曾自組團體對話，邀請同學分享生命經驗。通過相互支持而產生的踴躍表達，這個氛圍使里昂發自內心感到快樂，而這些經驗也一併成為他的創業精神。里昂的公司是影響擁有影響力的人，讓企業主或政府可以由心出發，以一種共好共創的心去貢獻資源幫助世界，也的確得到斐然成果。

只是當能力太強，後面發現周遭的人總要他成為驕傲，卻沒有人用心在意他的感覺，這使里昂覺得沮喪，越發努力想要在意的人關注到他。

「我不太能感受自己的感受，就算能夠也不敢表達。」

「我習慣照顧別人，卻不知如何讓別人照顧。」

「我不敢說出心中想要的，因為害怕別人討厭我。」

說罷，里昂回歸沉默。

將真實的脆弱吐露出來，對任何人都不是一件容易的事。只是我見到了新造的人，他不再是阿龍。我對里昂的那股帶有投射的喜歡破除了，曉得現在站在自己眼前的是一個新朋友，我珍惜他的坦誠。

「倘若你現在能夠對我講出你的真實看法。你同樣可以對其他人做。」

我微笑，輕輕握住里昂的手，感覺他溫熱的手心冒汗。

「里昂，我知道這對你來說不容易，或許這次身心靈課程是一個安全嘗試。我會在你身邊支持你，你可以試著在課堂表達你的感受。相信其他同學也會支持你。」

課程有個舞蹈靜心環節，我提議他能嘗試嘶吼，觀察自己憤怒起來的模樣，就算最後發現自己並不喜歡也不習慣展現憤怒，終歸是某種自我突破。

里昂沒有回答，反手握著我的手，用拇指按了按我的掌心。

後來我知道，這是他的同意。

／／／

當天下午，老師詢問班上有沒有話想說。東方人一片慣性地靜默中，里昂舉起了手。不過他接下來的發言，倒是讓我大吃一驚。

「我愛女人。」

他用英語向全班表達，字句鏗鏘。

「我愛女人的一切，女人美麗的外表，女人柔美的陰性能量，女人是上天給予這個世界最美麗的禮物。我能夠看到女人內在的小女孩，我想要呵護她們，讓她們感受到被看見被接住的感覺。」

整段前言不搭後語，句句尾音發顫。

我坐在他的旁邊陪伴，一時不太理解他說這兩句話的用意，不過身心靈課的分享環節常是這種狀況，當事者情緒流動，邏輯組織通通迷路，整個脈絡支離破碎，唯獨確定的是，這是里昂非常想說的話。

里昂是個話少的人，我曉得他已做出最大嘗試。

只是走出教室，仍聽見其他女同學耳語，「他以為他是誰呀？我們需要你拯救嗎？」

無法讓里昂暢所欲言的，除了他的身分帶來的包袱，還有他的感情觀。

他是一個開放式關係的實踐者，非刻意為之，是自小如此。

小學六年級，里昂就同時向不同班級的十三位女孩告白，也會寫情書給不同女生。

每一次熱情付出，縱使女孩根本不喜歡他，里昂仍會樂在其中、不會感受到被拋棄的感覺。向他人傾訴喜歡、付諸關懷，及帶著玩樂的心情去愛，對小時候的里昂來說最是滿足，卻也在長大成年後處處受限。父母會問他何時交女友？何時娶妻？對他的伴侶條件挑三揀四。

哪怕自己交了女友，倘若女友要求他應該做什麼、不應該做什麼，沒做就是不負責任，里昂也會覺得不自在。

「我想要付出，是我真誠地願意為你付出。我不喜歡所有的『應該』，我認為沒有什麼事情是『你應該為我做什麼』，這些都是索討。」

里昂不喜歡一對一關係和婚姻所帶來的集體潛意識的制約，因許多人在踏進一對一關係，多少都對伴侶擁有期待，便以一種滴水穿石的壓迫力，自身期待變成依附卻不自知，還視為理所應當。

更甚，當對方也以同樣規矩去扛下伴侶的依附，如一位丈夫認為自己「應該」要付房貸（卻是伴侶要求他應該），一位妻子認為自己「應該」要侍奉公婆與照顧孩子（一樣是丈夫認為有必要），這邊只是一個最粗淺且傳統的舉例。

在里昂的觀點裡，所有你口中的「應該」，都需先被你自行檢視，哪些是別人與社會交託給你的？哪些是你以為你要，實則卻是社會影響你，讓你認為自己有必要如此？又有哪些是真正令你心甘情願想要？

若無法自己先釐清，久而久之就變成無處宣洩的情緒，不惜通過酒精、外遇、性、賭博、網路謾罵、抱團取暖或其他消遣來釋放，因你的精神狀態無法承擔當初選擇超乎你的所想，只因你對自己的了解並不深。

有些應該，它確實有客觀情境；又有一些應該，則涵蓋你的內在匱乏。

「很多的親密關係都是兩個缺愛的內在小孩向彼此討愛，包括我自己過去的親密關係。」里昂說。

很多人不清楚「一對一承諾」與「婚姻」的神聖意義，其所賦予的責任，需兩個人先接納自己，對自己的靈魂、自己的物質世界有責任，方有力量去給予彼此真正的愛。

甚至這份愛，會涵蓋讓出空間給對方做最真實的自己，這個真實的自己有極大概率涵蓋情感流動的自由，因變化向來是正常現象，人類終究會不斷遇到令自己產生吸引力的人。

里昂是不婚主義者，也是一個不會有專一關係的人。

在里昂說出他愛女人後，老師給了他建議。

「你是一個很有愛的男人，很願意給愛，可是你如果只想接住很多女人，你只會吸引到內在狀態很匱乏的女人。甚至，有的女人發現你終究無法給予她們承諾，反而會覺得自己吃了虧，你就變成了她們眼裡的加害者。」

老師溫柔地對里昂說。

「或許你可以嘗試看看，和一位擁有強大的、豐富的內在陰性力量的女人，先與她有一個深度且誠實的連結，來看看你會發生什麼事？」

／／／

經過課堂的衝突與和解，我和里昂的關係有了一些轉變。

為期一週的身心靈課程結束，我們仍舊保持聯繫，並一同計劃旅程。

聽過一個說法，若是上天安排的緣分，會水到渠成。

和他第一次約會是在埔里，臨時想去朝聖附近的中台禪寺，對聖地沒有研究，到現場才得知參觀前需提前登記。原先心裡可惜，現場工作人員卻說，有兩位旅客原本想朝聖，臨時不來了，你們可以上樓參觀。和里昂當日就在中台禪寺進行一趟包場之旅，完美到不合常理。

又一次，是外出露營。

里昂隨意找了塊露營地，抵達已是深夜。營地四下無人，二人生火烤肉，閒坐漫聊，聆聽晚風吹動樹叢的沙沙聲，互相分享私密的成長經驗，度過溫馨愉快的夜晚。隔天離開營區，日光將四周照亮，才見營地四周是墳墓。向來是體質敏感的人，不但沒有受到影響，倒是精神奕奕。

他是一個能陪伴我做各種事情的男人。

某次和里昂牽手在台中美術館外閒晃，我說想去抱樹、教他聆聽樹的心跳，他絲毫不認為奇怪，兩人在一棵鳳凰木下抱樹靜心。此外，雙方每次情緒丟接，都能在事後進行討論，理性地溝通感性。

一次又一次，我發現我喜歡上里昂。

這份喜歡，是一點一滴正向感受的累積。

我知道里昂在其他國家都有情人，對每位情人都是無條件的愛，而在後續和里昂頻繁相處，驚覺他擁有很多情人是真的，且沒有一個特別對待的女友。

「我的人生價值，就是遊戲人間，活在當下。」他早已和我說了無數次。

我是在知道他的感情狀態下，喜歡上了他。

這讓我恐懼。

╱╱╱

二十歲出頭，我談過開放式關係，多數是被「騙」進來的，即是已經喜歡人家，對方才跟我坦承感情情況。坦白說，就是談過開放式關係，清楚不少男女會通過開放式關係迴避對「關係」和「自己」的責任。

他們不想要承擔一對一承諾的壓力，恐懼進入與個體深度的連結，擔憂對伴侶展露過多期待或負面情緒會被遺棄。有的人則會畏懼親密關係衝突而選擇逃離，轉向與不同女性（或男性）都有連結，卻皆淪於淺薄的喜悅與刺激，缺乏心靈深度，更沒有對立與和解後產生的革命情誼。

我遇過一個喜歡談開放式關係的男人，對我說喜歡了解每個女人的故事，自己卻不願意向女人展現更多脆弱、憤怒或迷惘，不過是畏懼被丟下的防禦機制。甚至，有時你會看到他們嘴上快樂，下意識卻有菸、酒、性成癮行為。

菸、酒、性是中性的。

更甚，性不但是人類的必然，更是喜悅勝過邪惡。然而任何行為一旦成癮，就必須認知這需要被探索，因成癮與平靜終歸相悖，抵達身心安寧，首要仍與願意照顧身體健康有關。

里昂不是這樣的男人，更加深了我對這份未知的不安。怎麼可能有人在開放式關係裡，卻能給予我深層的安全感？這真的是合理的嗎？

能與不同男女建立深度連結自是好的，端看有沒有人想讓自己踏進這麼複雜的情境。及，人類在個體化的路上本來就會長成不同模樣，我很願意相信世界上就是有喜歡探索不同親密關係的人，並從中得到自我實現。

和里昂聊過多元關係可能有的心理與身體狀態，知他沒有菸、酒、性成癮的問題，且樂意向每位女人展現所有面向（包括負面）。

那麼就要回到我身上了。

我陷入漫長的矛盾。

里昂這個男人的特別，是他對女人的情緒陪伴及理解的細膩程度，與過去我在開放式關係、一對一承諾關係遇到的男人們截然不同。

和他相處，常會驚訝竟有比我更愛自我探索的男人。里昂則認為我的性格及觀點特殊，是罕見能讓他做自己的女人。我們能夠做到相互尊重，彼此理解，又能一起深度探索關係，在精神上有連結。

和其他無法對自己情緒負責，慣用冷暴力、語言暴力或肢體暴力等防禦模式的男人不同，里昂從不對衝突裝沒事。他會向我面對他自己。我們會一一拆解情緒，爭執過後會樂在其中地討論。

經歷二十幾歲開放式關係的失敗，及各種一對一承諾關係的背棄，涵蓋被騙成為人家的第三者，或遇無故消失的前男友、冷暴力的前男友、遇衝突會裝沒事打哈哈的前男友……**如今遇到一個能好好面對情緒、照顧自己跟照顧他人的里昂，一切都完美無比。**

我們可以在人聲鼎沸、沒人敢跳舞的酒吧放肆共舞，全場群眾就看我們人來瘋；我們可以在家裡一起冥想，討論各種身心靈的話題；我們會想可以創造什麼好玩的東西，聊上好幾小時。和里昂相處的快樂、滿足感、安全感、玩心與自由，是那麼充盈。從對方身上，都能感受到被理解。

里昂曾向我堅定說明：無論發生什麼事，我都不會離開且接受完整的妳。這種別人看覺得是言情小說般騙女孩的發言，我清楚他說的是真實之語，卻同時對他無法給予穩定戀愛關係的許諾覺得傷感。

唯獨不能一對一。

我清晰看見，自己來到新的考試：那我們在這裡幹什麼？

「你擁有很多情人，還是讓我感到掙扎。這跟我向來渴望的關係模式並不一樣。」

某夜在里昂家，我開誠布公向他表達我的想法。

我們談到凌晨三點。

里昂的神情無奈，大掌輕撫我的肩膀，悄聲說，沒有辦法。

「如果妳想離開我的話，我會很難過，可是我會接受，不論如何我都會在，妳還是在我心裡。」

「我是愛妳的，只是我沒辦法給妳妳想要的愛。」

里昂摟了摟我，見我毫無反應，便鬆手起身，說先回房間休息，「妳可以隨時來找我聊，如果妳需要的話。」轉身背影有些落寞，獨留我在空曠的客廳沉思。

我站起來，簡單伸展一下，好好環顧里昂的家。

里昂刻意打掉兩間房間，將客廳弄得寬敞，中間有張長到堪比會議室會出現的餐桌。就連能看夜景的陽臺，也有一排可以結伴工作或聚會用的長型吧檯。曾帶朋友到里昂家裡玩，見他會興奮地像孩子，邀請朋友到陽臺看看他的吧檯。這是他可愛的地方，我常用母親視角在看一位小男孩。

從屋內設計就得知，和我喜愛隱居不同，里昂喜歡跟很多人連結。

我不想阻攔他，這是他的本性。

拉開椅子，坐在長型餐桌。我拿出筆記本，戴上耳機。

陷入迷惘時，書寫是最適合我的靜心方式，只是這次書寫和以往不同，我想參考好姐妹葉子的作法。

葉子是我的靈魂姐妹，和她基本沒起過劇烈衝突。很常跟她混在一起。

葉子的性格及處事很謹慎，有別周邊有不少想走藝文圈（文學或演藝），或正在熬藝文圈，又或已經走紅的朋友，葉子的情緒比較穩定。她向我提過會寫願望清單，美其名是許願，更像釐清自己的過程。

耳機播放冥想音樂，我先在筆記本寫下第一句。

「我想要什麼關係？」

看過一位身心靈網紅教顯化，說不要畏懼許願，願望越大越好、越多越好，宇宙給你的愛源源不絕。

一方面發現我必須重視自身感受，並為此劃下界線，卻又感覺自身的界線很流動，不想再給自己那麼多規矩，而且這個再也不想，不是對自身人格的期待，是真心沒那麼多柵欄困住自己。

筆記本上，我的願望變得超乎預期的低，三行內寫完，半頁沒滿。

「我要一段在精神與物質世界能為我帶來安全感、滿足感和互相理解的關係。對方能有意願和我一起探索世界、探索自己和關係。他會很愛牽我的手、珍惜我身體的一切，如同我也深愛與珍惜他的身體與心靈。」

清楚自己是挖不完的，從一個人的身上，就能探索自己的全宇宙。

我不需要跟那麼多人連結。

「我可以寫下我們的故事。」

寫下這兩段，心裡滿是喜悅，握著原子筆的手指末梢傳出震動，一路走至心輪，如洪水般在胸內奔馳，整個身體擴大溫暖，更生出一種全然地篤定——世界上一定會出現這個男人。

接下來，我寫了新的東西。

「我能給對方什麼？」

這部分，滔滔不絕。

我能全然理解他。我可以給他精神上的支持；我會向他表明我的界線，卻不影響對他的愛與關懷；我會尊重他想要做自己、離開我，無論他匱乏與否；

我願意給他自由還有表達自己的空間……

寫了洋洋灑灑四頁，竟不自覺補上——「因為，我就是這麼對自己的。」我轉向里昂房間的方向。

他靜靜地看我，視線在黑暗裡如火炬，像在觀察。不曉得看我寫了多久。里昂不能完全給我這些，我想。

他說他不喜歡我的短髮，他說對我沒有愛情，也不會在大庭廣眾牽我的手。似乎連寫文章也無法對我做到完全信任和自由，需要與他確定及討論。然而，以上已找出雙方舒服的共識。

關於短髮，我直接告訴里昂，我就是喜歡短髮，會一直留下去，不再畏懼於情人面前表現自己的模樣，他也欣然接受；謹慎如他，願意讓我成為文章題材，我們會大量地討論，後來我也驚訝發現，即便向我坦白他的不安全，里昂仍舊不會更改我的感覺與觀點，包含我如何主觀詮釋他；無法在大庭廣眾下牽手，是對所有女人一視同仁，不光是我，他對其他女人也無法。

既然都已得到解決。

我驚覺起碼此時，里昂能給我最重要的——精神世界的安全感、滿足感，相互理解、尊重和誠實溝通。所以這段關係才會快樂多過悲傷。

寫到最後，有個聲音問我。

「妳愛他嗎？」

我的手，很篤定地在筆記本上回應。

「愛。」

不只是對里昂。

對每個與我連結的人，無論男女，關係為何，我都會在相知時真誠給出所有。甚至當他們離開，儘管受傷不已，仍保有祝福。我恐懼被遺棄跟被拒絕，卻同時擁有理解他人界線的力量，又能無懼向他人表達真實的自己。

我好像不再怕了。

我還是想堅定我的價值，用柔軟的方式。

我從餐桌起身，看著里昂，輕輕地說「我要走囉」。

里昂望著我，沒有回應。

走出大樓，在凌晨的街道行走。涼風輕觸臉頰，我的步伐卻輕盈無比、毫無懷疑。

內心想要什麼關係，我是明晰的。

可是此刻，我是愛著里昂的，那麼這樣就好。

對這個自己，我很意外。

假設沒有遇到精神世界這樣契合的男人，我也能和自己玩得開心。我能抱著人們眼中的高度標準孤獨終老，不再感到譴責或愧疚。只是現在既然喜歡里昂，愛上一個美中不足，在我心中整體優點大過缺點的男人，又有何不可？

阿龍和里昂，讓我明白無條件愛自己，除要堅定設置界線，真誠地自我愉悅，並擁有被拒絕與被遺棄的勇氣。

或許，還有另一層面。

當你擁有這些認知，倘若遇到一位還想和他繼續互動的人，那麼就好好感受與對方相處的每一刻。他是什麼並不重要。只要確保此時自己是開心的，並在不開心的時候，坦然地和對方表明想法，並接受一切後果。

無條件的愛，不單單是關於保護自己不受傷害，也包括誠實且清醒地面對自己的情感需求和慾望。

我決定選擇與里昂的關係，追隨我的心。

和過去親密關係不同的是，遇見里昂的每一刻，皆是經過帶有覺知的深思熟慮，重要的是，現階段我確實有能力管理由此產生的情緒，同時考量里昂願意和我一起面對。那麼這也可以被視為一種自我愛護的表現。

只是我也挑明告訴里昂，假使在這段非傳統關係的探索，若你再也無法做到對我的靈魂成長增益，當我們無法有像現階段誠實不欺的溝通，我是能做到斷然離開這段關係。

畢竟在感情世界裡已經常常被拋棄到，連這個被遺棄的自己，我都能一起愛進去，卻不再認為是我的問題。世界上多的是願意與我真誠相待的人，包含朋友，以及我的書寫。

我不想因恐懼受傷、評估風險，就忽略我現在是愛這個人的。**釐清需求是一回事，但我會為我的內心擔責，也會在這段感情，盡情做我自己。**

現在，我只要愛里昂就好。

不將就，是恐懼被傷害

離開里昂家，我確定，我想繼續愛這個人。

可是我認為有些深層恐懼需要先被我釐清，否則我會反覆糾結在原點不放，從而稀釋掉對這個男人的喜愛，全被焦慮和不安掩埋。製造恐懼，再被自己製造的恐懼打敗，一向是我從小到大的專長。

我早已受夠。

跟里昂在一起，有兩件讓我卻步的事。

首先，他無法給我一對一的情感關係；再來，他在金錢是不支援我的。

我問自己，我為什麼需要一對一的關係？

我渴望背後的「承諾」。

承諾，這個本質是珍貴的，它能讓我感受到自己是獨一無二且被重視的。然而在回顧十幾、二十幾歲談過多段一對一的戀愛，大多伴侶劈腿，甚至是我劈腿收場，我對自己的情與慾無法攔網截球，倘若不是身在一對一的關係，我竟不覺愧疚。

不光是看見情感本身的流動性，也明白承諾這個特質，不完全能從一對一關係獲得滿足。況且我渴望的承諾，也不是一對一的綁定，是能感受到超越距離及時間的心的連結。

除了心的連結，我還在意承諾身後涵蓋的「我是獨特的」這件事，但這個盲點也是在我發現「我一直都是獨特的」之後，就再也不在乎了。我渴望在別人眼裡獨特，是我根本不信任自己已經獨特。而在扎實知道自己「已經獨特」的狀態下，每一次真實的看見，眾多幻象都消除了。

我竟然一直在顯化我早就擁有的。

緊接著，我繼續探索金錢對我的關係。

男人必須扛起經濟。

這是母親、阿姨們從小灌輸給我的觀念，女人要有一個男人協助扛家計。婚姻是一場合作關係，能創造雙贏。也有女性前輩告訴我，男人賺錢養家，妳也可以自由發展妳的創作。妳的錢可以自由運用，男人的錢也可以讓妳無憂。

身旁不少朋友也會說，或進行某些暗示，我的男友或老公會幫我出一切的錢。我發現這讓她們感到安定。坦白說，我有被這樣的想法影響，甚至直到現在，我並不認為這個想法是錯的。陳舊不等於錯誤，慣性不見得需要突破。根據每個人客觀情境不同，本來就有不一樣的需求。

當我越是了解自己，越明白每個男人跟女人都應該依循自身信念與選擇而活，若能清醒地做出選擇，就能扛起一切代價。

一切覺醒，始於一個白天。

我帶著一對夫妻朋友去找里昂，大夥兒有個 Double Date，約會結束妻子來找我，開心向我討功勞，「我剛才有暗示里昂，我老公都會幫我出所有的錢。」因和里昂多數是平分制，其實他會幫我多出，但基本是平衡的。

朋友的妻子說，她刻意做出提醒。

這場飯局裡，我有聽到她講這段，可是我卻毫無意識捕捉她的意在言外，沒有意會到這是人家好心做主的善意提醒，還以為她純粹在分享。這代表什麼？代表我根本沒聽進去，也就是我根本不在乎。

那麼為何在這段情感關係，我會被一個打從心裡不在乎的金錢在乎？

因為我對金錢的感覺，和我過往在工作領域追求什麼純文學、藝術家或獎項這種神經病頭銜的概念是一樣的，伴侶能夠給予金錢支援或資源分享，讓我感受到我是被照顧的，我是安全的。

一對一關係，我在乎的是背後的承諾，還有藏在承諾身後那個被我所詮釋的「心的連結」；至於金錢，我在乎的是「被照顧的安全感」。

承諾跟安全感，心的連結與生存問題，我問我自己，我有這些嗎？

下一秒，恍然大悟。

從頭到尾，我都是可以照顧自己，現在做的事情並不違背我的靈魂，我早就自己給自己承諾。

關於心的連結，每當與文字和音樂等各類形式的創造在一起，我曉得靈魂與我相依，祂日日與我共創。重回單身狀態，我依然能把自己過得美好充實；關於隱身在金錢之後的不安全感，說實話，我現在的收入就是不穩定，但我本來就是花費不高的人。

通過與里昂的相遇，我更加釐清「一對一關係」與「金錢」對我的意義，驚覺自己從來不重視這兩個東西，反而是背後的內在意義，可是那些本質，我現在已經能夠給予我自己。

釐清後，我又問一件事：

此刻我愛他嗎？

答案是愛的，那麼就是探索下去。

一步步解開自己的謎底，我主動約里昂見面。

我將這些內在的思想鬥爭與他分享，毫不避諱所有來龍去脈，包含幾度覺得他是一個小氣的有錢人，及堅持開放式關係給我帶來的煎熬，卻同步窺見對「金錢」及「一對一關係」深層的心理依附。

我笑著對里昂說，這段旅程，很神奇。

「當我看見我所有的迷障，一切都不重要了。」

「你愛上其他女人，我還是會難過，但我依然認為我是一個獨特的人。」

「當一個人很愛他自己，我以為會來到『不將就』，但竟然不是這樣，反而來到我現在愛誰就去愛，並真心不怕受傷。循著內在的指引，超越大腦。」甚至，我發覺這一切都簡單無比，我要的非但不複雜，自己就能得到。我所能做的就剩下愛人，沒有其他。

聽我一路走來的掙扎與發現，終至穿越幻象，里昂無聲落淚。

我們在客廳牽著對方的手，感受掌心握得更緊，有感謝，有明白，有接納，也有對自己溫和的篤定。

「在愛上我自己後，遇上了願意接受所有的我的你，我覺得是額外的禮物。有何好不珍惜？」我說。

此刻，跟里昂在一起的理由，就是我愛他。

一切矛盾，都跟我自己的議題有關。

排除所有，我還是想在這段關係停留，是我還在感覺一個「明明我可以自己滿足一切精神需求，但另一個人竟然也能滿足我」的這種複雜體驗，我覺得怎麼可能有這種事？

而這個感覺，怎麼會這麼好？

里昂能完全地接受所有的我，不耐煩的我，多愁善感的我，情緒上來講話便直接銳利的我。同樣地，我也能讓里昂做最真實的自己，遊戲人間的他，生氣的他，反駁時的他，苦悶的他。

每次情緒上來就會說話如刀，里昂從不逃離，坐下來和我好好討論，他知道我需要被接住，這個接住你清楚他不帶敷衍。可是他也並不會委屈他自己，如實表達與我相悖的看法，有時雙方會各退一步。

里昂的胸懷其實大到難以想像（他說我也是）。

承諾所象徵的心的連結，與內在小孩被照顧與疼愛的扎實感，他早就給我了。甚至，他並沒有刻意在給，他不過是做他自己，卻能帶給我這種感受。

他似乎，是男版的我。

當晚我也告訴他，我好像來到一個很大的進步，即是我竟可以消化這所有的脈絡，並在得出我需要什麼特質的時候，同步認知到我就是承諾、理解和安全感本身，「我就是愛」這件事。

我沒有想討什麼了。

里昂說，他有敏銳感受到。

///

一個人有沒有下意識（哪怕你根本不知道也不覺得）在利用伴侶，伴侶都是清楚的。可是這個利用是沒有問題的，傳統婚姻價值本來就是合作關係，珍奧斯汀（Jane Austen）的年代就已經在講這件事了，這實在沒有對錯。

是你要看到你的需求，以及，你不能全要。當然你可以選擇全要，只是矛盾會比快樂多。你在乎的都是未來，沒有一個是當下。但你始終是豐盛本身。

里昂聽我娓娓道來，握著我的手更緊了。

我不太知道他是什麼情緒。

但我的確告訴他，我現在想到的反而是，既然我一個人能過得很好，卻在此時碰到讓我這麼開心的你，讓我好喜歡的你，那麼為什麼我要逃離呢？現在是這麼幸福美妙，對吧。

我對里昂說，我需要通過金錢感覺到被照顧，是我從來不相信我能被我自己照顧。

我需要仰賴一個物質來證明，金錢也好，寫出代表作也好，名氣也好，獎項也罷，我的底層信念是認為自己「不值得」被愛，才需要用對方的金錢或外部來衡量我是否值得。

我每一篇作品都發自靈魂，篇篇都是代表作，其實我還是會更進步，用平穩的心理狀態探索文字，但是一切是為了我自己開心，以及靈魂開心而已。

里昂說，他能夠理解女人有這種的「不值得」的底層信念，但不覺得女人這樣是有問題的，它只是個成長的過程。

「我能夠理解，因為在我的內在也存在一個深信自己不值得的小男孩。這個小男孩只知道如何透過討好別人來獲得他人的肯定。」

「我不知道能不能改變這種深層信念，我唯一能做的是，看見他，接受他並告訴他，就算他認為自己不值得，我也不會離開他。」

里昂說，他不願意為女人付所有的錢，是對自己與女人的尊重。

「我不希望透過我『應該』為女人付錢來討好女人，我也不希望透過金錢讓女人依賴我，進而不自覺地侵蝕了她們的主體性。」

／／／

一個人的信念系統若覺得自己不值得，確實會出現心靈無法自由的情況。其實不光是女人，男人也是，沒有帶覺知就去扛責任、無法追求夢想，也是被父母和伴侶影響，所以有情緒也不知道怎麼講，甚至不曉得情緒哪裡來。

這是歷史脈絡，家族帶來的集體潛意識影響。

不過有些女人的客觀情境是需要錢的，故而我不認為這有多大問題，只是若是到了中產階級，卻仍有這種內在焦慮，的確可以被深度檢視。更甚，我想自己能夠釐清到這裡，或里昂本身做為男性的覺悟，也是考量到我們本身的社會情境，已允許我們做出這樣的選擇與承擔。

我對里昂說，我想我們終究是幸運的。

對高喊每個女性都要活出自我這種概念等同於經濟獨立，我不會這麼武斷，有些家庭的制約就是很深，突破挑戰需更大的勇氣，以及時間的累積。

里昂說，每個男人女人的心裡都住著小孩，小孩才會出現「你『應該』要幫我」、「你『必須』要陪我玩」這種想法，光看小孩在那邊歡爸媽就知道。

一個人的內在小孩若沒有被自己深愛，將導致進入任何關係，你會馬上給自己設置界線，你非得要這樣、不能那樣，一句「幫我拿冰淇淋」這種話就能生氣一整天或一整個月，沒有涉及言語暴力的修辭，都可以被你搞得全身上下都是雷。

這是里昂跟我相似的部分，我們常被別人的雷、別人的「應該」搞得滿頭問號。

我們不是在意小事的人，可是這也讓我們在關係有很多難受的感覺，我們的彈性變成他人的冒犯，盡可能體貼又感到委屈自身本性，現在終於來到能對他人的界線有理解，對他人因了解自己的透明而遠離有理解。

我們兩個都是「被拋棄」大師，卻全部能理解。

我們都是渴望自己的怪誕能被理解的人吶，所以理解別人不理解自己，或理解別人在理解自己後卻選擇疏遠，是格外重要的一課。

我們是明白了這些後，遇到彼此。

所以當遇見對方，他才會說，希，妳是宇宙給我很大的禮物。

「謝謝妳，讓我做自己。」

／／／

遇見阿龍，是陽性力量的回歸；遇見里昂，則是陰性力量的回歸。

現在的我，明明認知到「渴望連結」的需求，卻會理智且溫和的說出來，而且我選擇的不是「不將就」，是此刻遇到一個我愛的男人，那麼我想的是：我能給他什麼。

我還一度懷疑，我是不自愛嗎？

「妳沒有不自愛，相反的，妳愛自己愛到能夠勇敢的跟著妳的心走。妳的內在已經強大到能夠接受自己，接受這個不完美的我。」里昂說。

每個人都有需求，只是有些需求你是可以被檢視與破除，而最原始的「我渴望被深刻了解與真誠地接受」則是正常到如果你沒有反而不正常呢。

但不一樣的是，你不再害怕受傷，你是帶有清醒的覺知進到一段關係，並在每一次情緒發生時，不是向外指責對方，而是先觀察自己。

我和里昂，試著清醒地在這段關係練功。

有時候人們說不將就，不過是恐懼被傷害，恐懼一個「你以為沒有未來」的未來。

然後你會忘記，當下你們性格多麼適合，相處多麼快樂。

以及，你們的連結是多麼深刻。

在恐懼裡轉化，願做真實的自己

決定與里昂持續探索關係後，我緩慢且不太適應的發現，現在的心智狀態似乎適合進到一段親密關係了。會強調不太適應，是過往在關係的情緒表現都極其濃烈，對照現在里昂對我說任何觀點，就算心裡有情緒，我都能節制且精準的表述。

自那晚寫下願望清單，離開里昂的家，我和他有一週時間沒有聯絡，期間都在靜心思索我倆最真實的關係。

我們存在過認知落差。

過去我認為里昂口中的「愛我」是愛情，會這麼想也是源於我是這麼看待和他的感情。一個人會讓我開口說愛，某程度是我認為與對方存在具有承諾式的關係，及，我會覺得自己仍有進一步的機會。

里昂不是如此。

他擁有數個情人，不刻意發展，也不獵取，皆是隨順因緣的邂逅。

「我愛女人，欣賞女人，對女人感到好奇。」

他告訴我，想完整地看見女人，陪伴她們看見自己，讓她們感受被一個男人無條件接受的感覺。他不想要佔有她們，只想在跟她們相處的每個當下，都能做最真實的自己。

我認為這是里昂對情感的期待，實踐路上仍有變動性，心理動機還須檢視。

往好的方向看，他希望能完整地理解每個他遇到的女性，並與她們建立一種無條件接受的感覺，這種態度可能源於他對人際關係的深層探索，也是他自我實現的方式。

往壞的方式思索，他就成為像容器一樣的存在，承接所有女性的好壞，意味著容易吸引匱乏的女性靠近，因他本身也是匱乏的人。其實基於一種提醒，我常不客氣地當著他的面說這有點拯救者情結。

我相信人有多樣性，暫且把這個男人當怪咖在看，如他看我一樣。里昂有沒有矛盾，相信他會弄清楚。然而，我有看見自己心中對這段關係有期待。

對里昂，我有存在戀人的感覺，這不只對他，一旦對男人產生愛情的質地，激情的感覺自會浮現，只是佔有慾及其伴隨來的失落是肯定。我真的需要讓自己如此嗎？

／／／

一週後，里昂打給我，說要跟我聊聊。

現在寫下來，仍覺那天晚上的氛圍很奇幻。

客廳對坐，里昂坐姿慎重，表情緊張，語氣直白，希，妳不是我會愛到要死不活的人。不是張無忌跟趙敏的銘心刻骨的相愛。

我繼續聽下去。

我都知道。

里昂說，他對我有愛，卻沒有愛情成分。他能接受全部的我，沒有對我有戀人的期待，沒有怦然心動的熱情。然而每當和我相處在一起，他發現自己都很快樂，很自在，很放鬆，他不需要偽裝。

「希，我喜歡妳。我覺得妳是一個性格鮮明的女人。」

我的自我中心、古怪、純真卻無法被控制，讓里昂覺得和我是不同世界的人，他沒有遇過這類型的。

他說，想好好探索跟我這段關係，一個沒有激情，沒有期待跟需要，卻深度連結的關係。

說出這些話，里昂眼神專注地凝視我，帶著淚。

此時客廳音響播放王菲的〈天使〉，清澈乾淨的嗓音高唱「我不相信一瞬間的勇氣，我只接受一輩子的約定。」其實我都搞不清楚，到底里昂的淚光是看我落淚才如此？還是這是他的自我感動？抑或是他發自肺腑的真心。

人類情緒之所以真實，是它無法被單一歸類，或許里昂三種情緒都有，還加上擔憂我受傷（因為他並不深愛我），又想跟我連結的矛盾，或是將我視為學習與挑戰的對象，他有他私人慾望的考量，而我居然都曉得。應該說，即便他沒有，我已全盤評估。

／／／

早前在社群和讀者提到跟里昂的關係，不想寫太清楚，是想保護他。因清楚他的行為在其他女人，包含男人眼裡，是一個浪子。並知我們的情感在其他人眼裡可能難以理解。

但不可諱言，和他相處時獲得的滿足、安定、喜悅與輕鬆是無比真實，而這種互動反讓我們的關係是恆定的。

有別阿龍會說「聊自我探索很沉重」，里昂不這麼想，他覺得很有趣，甚至比我更愛聊，是對自己有覺察的人，有開闊胸襟、願意學習，能做到給予我很大的獨處自由及性格發展，無疑是讓我感到舒適的關係。

當里昂提到與其他情人的相處，我也能開心地與他暢聊，提出邀請其他情人一起吃飯。可是我卻沒意願找其他男人，因打從心靈到性愛，我已經能自我滿足，不會認為這有不公平的感覺。但現在和里昂開心且有品質的相處並無不可，相聚與分離，特別是愛情和友誼，即便有情緒，卻不會給我太多影響。

到現在，我都還是覺得這樣的自己很神奇。

不過該說的，我還是會說。

「我單身很久，獨處都能快樂，我不需要被拯救。」

我眼神鎖住里昂，向他站穩我的立場。

「我會選擇喜歡你，就是喜歡你。可是我希望在你願意接受所有女人時，你會真心接受我的模樣，不是為了想『療癒我』，否則我會認為自己被貶低，會徹底切斷關係。」

「你能接受真實的我，但請你也做真實的自己。」我說。

里昂同意，「能接受我做真實的自己，是妳給我的禮物。」

「雖然我說，我對妳沒有愛（小我的愛情），比較偏向無條件的愛。可是這是當下的狀態，我一直都是看當下的。」

「未來我們會怎麼樣，我也已經不知道了。」他說。

「沒關係，你就慢慢感覺。我只是把我的立場說出來而已。」

我微笑，主動擁抱了他，親了親他的臉頰。

他怎麼想我，並不重要。

我是怎麼想的呢？

對里昂，我是存在小我的愛情，我坦然接受「他並不愛我」這件事，理解這個浪子性格的他。可是這個關係於我仍是舒服的，雖然同時我清楚，若這段關係後來無法讓彼此的精神世界互相成就，我的離開會是頭也不回。

我常常在想，我到底有沒有深刻愛這個人？這股沒有沖昏頭的感覺是正常的嗎？為什麼我可以這麼理性，行動上又願意持續投入，不吝給愛？

或許「愛」的表現形式是多樣的，過去我總將愛定義為不顧一切的情感，但有些愛會隨著時間和情況的不同而變化。我看待里昂，是基於理解他和接受他，卻也建立在自我認識和自我價值的基礎上。我感性地愛他，也理性地愛他。

現階段，他的真心，我有看見。

牛眠埔里的泳池對視，見他眼泛淚光，說我的存在就是愛；每次見面的深度對談，交流彼此極具隱私的事，偶爾互翻對方白眼，都極度安心；還有只要跟他見面約會，行程跟天氣都是奇蹟似地好，像被神祝福。

我跟他都知道，也向對方說過，我們是彼此的禮物。

每次起爭執，面對這個「讓我有愛意」的男人，我竟不像以往，沒有那麼多爆裂情緒。反而他常常莫名其妙質問我，我覺得這是好事，這是他過去沒有的體驗。

和過往不同，我對他的憤怒不會概括承受，而是曉得怎麼在理解他的情緒與邏輯的狀態進行溝通。同時堅決挑明，我就是我，我的界線在哪裡，且這個界線是無法被動搖，我毫不愧疚。你要就來，不要就離開。實際上，我是真心能接受他的離開，且這份接受是敞開的。

寫下這篇文章，我滿溢幸福，也滿困惑。

我還在感受這個我。

幸福感，是我終於明白原來愛自己的自我滿足可以這麼強大。坦白說，我認為這是阿龍給我的禮物，當一個人從萬千拒絕裡踏過，在每一次被拒絕跟被遺棄的恐懼裡自我轉化，終將明白你早已活在愛裡，活在你對你自己的包容裡。

困惑，是我還需要愛情嗎？

我仍有答案。

擁有自我價值的人，不一定意味著不需要愛情，但他們對自己有深刻的理解，甚至能夠獨立滿足自己的需求時，對愛情的依賴性會降低。

里昂，他是在對我無愛的狀態下，對我擁有無條件的愛；我，則是在對他有愛的狀態下，對他無條件的悅納，但無條件的愛我是不敢說的。

不過我實在不敢把話說死，只要人還帶著喜歡，必然還是會有嫉妒跟佔有，只是此刻的我是這樣，就是如實紀錄，靜待未來可能的打臉，而我也接納未來的我。

和里昂間的關係，缺乏傳統意義的戀愛成分，甚至涵蓋「愛情的不平等」，可是深度的理解和接納，還有密切的溝通與自我覺察是一直都在進行，奇妙的是，我們不是戀人，卻擁有一種獨特的、基於真實自我和透明溝通的連結。

我確定他也是這麼想。

而這讓我們都充滿驚喜。

至於走到哪裡？跟他會不會再遇到讓自己怦然心動、又能深度連結的對象呢？我想都是會的。他會遇到，我也會遇到。我想我們都會難過，也會不捨。

一樣地，我會把這份難過，一起愛進去。

Part II

尋找靈魂伴侶的12堂課

原來我一直在尋覓的靈魂伴侶，早就在了。

我徹底理解到：

我早就被愛，我從未失去任何。

我被我的靈魂深深愛著。

第1課 練習接受全部的自己

後背包裝衣物，前背包裝食材，手上提著桶裝水，距離營地一小段山路，我走得氣喘吁吁，像手持武器的駝背孕婦，禁不住詢問走在前頭的里昂，快到了嗎？里昂轉頭，朝我微笑，快了，妳還可以嗎，要不要我幫忙。

見他扛下比我還重的露營裝備，我掛著微笑回絕，帶著逞強的體貼。

里昂喜歡往山裡跑。他說，待在深山露營，收不到訊號，就不會有打擾。山林的靜謐與神祕，行步踏過的樹枝斷裂聲，雨聲打過葉片的清脆，都讓里昂感到放鬆，煩惱都在四面環繞的自然音場淨空。

有次，里昂搭帳篷在瀑布旁，當天夜裡下起傾盆大雨，帳外傳出瀑布激烈的拍打聲響，這個情境反讓他很有安全感，整晚都在雨水和瀑布的雙重交響樂沉睡。

雨下到隔天都沒停，里昂裸著身體，穿進瀑布和大雨，獨自跳舞。

通常人們會因喜歡一件事，從中受惠，便欣喜地向別人訴說他的好，有的人還會走向狂熱，造成困擾卻不自知。我想大自然某種程度是里昂的信仰，而我是他的傳教對象。幸好我對大自然也很喜愛，甚至還會想有誰不喜歡呢？

只是體力要好。

扛著大包小包抵達露營地，我還是這麼暗忖。

///

里昂的祕密基地，座落新北市某山深處的一條溪邊。

紮營的位置旁溪水不深，腳踝以上膝蓋以下的水位，溪裡十幾顆大大小小的石頭排成一個大圓弧，流經的水會在那匯聚一個豐滿且流動的水窪，方便人們洗碗和刷牙洗臉，看就知道是人為，想這裡應該也是露營者秘境。

抵達時是中午，深山樹林巧妙遮蔽陽光，光線跟溫度很和煦，適合睡懶覺跟放空。

和里昂搭好帳篷，簡單解決午餐，各自拿起書本，明明說好這次露營是各做各事，卻因洗碗開啟了話題。

事情發生在洗碗的時候，里昂突然說，上次妳在廚房洗碗的時候啊，話還沒講完，我直覺似地脫口，「怎麼了洗不乾淨嗎？」

問句一出，我立刻警覺。

里昂跟我是一樣反應。

他呵呵笑，我話都還沒說完耶，「妳是不是常常覺得自己會搞砸事情？」他想告訴我的，不過是觀察我那天洗完筷子是倒插的。

我又看見了，自己在關係裡的模式。

涉及到關係，無論朋友或愛人，包含前輩，哪怕是出版社同事，我都會有不想打擾人、深怕自己做得讓別人不滿意的情況。

這跟我的過去有關。

我的本質是一個隨興且變化的人，孔子說己所不欲勿施於人，但我每每覺得別人可以這麼對我的行為，在別人那裡卻是不行。

我可以承受別人在網路上寫我的瑣事，批評也好，造謠也罷，或對我抱著錯誤投射，我好像是臉皮挺厚的人，不予理睬即可，也懶得解釋（除非涉及毫無實質證據的誹謗，那麼法律是一個好東西，我也不怕使用它）。

可是我發現，不是所有人都這樣子。

有的人界線分明，或雷點很多，或只喜歡人家寫他好不能寫他不好（多的是這種人）真實之美並非美在虛幻，而是醜陋。

真實，是軟弱與慾望的集合體。

只是我清楚當你願意以行動撬開它，必會迎來一股釋放，你的心會出現難以言喻的擴張感，美也瞬間誕生，有人會說那是愛。

我敢於寫自己的私心及軟弱，能承認自己的醜陋與美好，可是並非所有人能做到，起碼公開向群眾揭露細節，無疑包含了我在乎的人難免跟著我一起。

在真實世界進行最全然的冒險，就是揭露真實的自己，坦白說這比什麼都恐怖，需要性格某種程度的野蠻。

當選擇向寫作之神靠攏的那刻，在驚覺不自我揭露會精神死亡的那刻，我注定終生孤寂。沒有人喜歡被攤在陽光下。

我能做到隨興，卻尚未抵達承擔；我已經能承擔被不認識的群眾背棄，卻無法承擔心愛的人遠離、在乎的人疏遠。

當我和自己的關係越緊密，我發現最讓人恐懼的考試，反而是親密關係，朋友、家人、愛人。

不光是書寫在意他們的感受，也連帶影響我和他們相處的細節。

舉凡洗碗乾不乾淨，更包含聽過里昂前女友是一個比我年輕，卻會開車、做菜也不差的女人，心裡第一時間的感覺，也是我是否需要討好里昂？是否需要照顧里昂？卻忘記我想學做菜跟學開車，不過是想讓自己吃得健康，還有能獨自在外頭跑來跑去。

我什麼時候學這些，和他有關係嗎？

和里昂交往後，有很多挑戰。

他喜歡長頭髮的女生，覺得這樣的女孩比較溫柔；他總說自己獨立，潛意識還是覺得能被女孩照顧是好的。他有他的刻板印象及需求。

曾經我懷疑是否要學做菜，他要我好好思考，會不會這跟妳與媽媽住在一起有關；曾經他會在和我交歡時笑場，只因我的短髮讓他覺得像在跟男人上床。而每一次里昂的探問跟笑場，會喚醒我隱藏的自卑。

如果我不會做菜，是否就是一個沒有脫離媽媽的嬰兒？倘若我沒有留長髮，是否就是一個內心不溫柔、沒有陰性力量的女人？

但明明真相是：現階段我很清楚我的任務是寫作，我清楚這是我跟靈魂的約定。

現在的寫作狀態，已帶著滿腔的愛與熱情，哪怕是美學要求，也是自己給自己，我想好好善待我的故事及人生，這是我對寫作之神，還有對我的內在的承諾。只是這個承諾需要耗費大量時間，它就是我的興趣，我的享受。

做菜跟開車不過是附加的。

哪怕我不會又不想學，不代表我是沒有方向的人，更不代表我的內心沒有獨立，或是不懂享受生活的人。還有，我清楚我底色是溫柔與充滿彈性的。

我都知道啊。

我知道我要接受全部的自己呀。

可是遇上親密關係，總會因伴侶的擇偶標準、伴侶的需求、伴侶的渴望數度迷航，從而質疑自己無幾次，再用書寫反覆導向正軌好幾次，我總在現實品嚐分裂，在文字與靈魂融合，來來回回的。

還有我忘了，里昂根本上並不是我的伴侶，他只是情人，我需要為了他，這麼不接受我自己嗎？

／／／

我向里昂坦承上述種種。

「如果我要活得隨心所欲，要做最真實的自己，如果我追求書寫解放、生活習慣要接納、美學要放掉，我就沒有辦法保護我深愛的人，在乎的朋友。」我說。

「我必須承擔我被所有人遺棄的準備，包含被我在意的人。」

「但…但是我不要呀，我沒有準備好。」

我學不會承擔。

抬起頭，陽光刺眼，照著我滿是淚水的眼睛有些痠疼。我不敢哭出聲音，不敢看里昂，深怕這份脆弱沒有人有辦法承接。

但就在此時，心裡有一個很深邃的、來自潛意識的聲音，祂在我落淚時於耳畔悄聲低語：瑞希，這是「活出自我」的完成式。妳不能只是隨心，妳必須承擔，這個代價可能超乎妳想像，但妳終會奔向自由，無所畏懼。

無所畏懼之人，才會有真正愛人的能力。

勇敢，即是大愛。

「如果妳撐不了，妳可以停下。」

「妳已經走到很深，不是每個人都能做到。」

我聽見祂這麼告訴我。

／／／

感受熱燙燙地滑過臉頰的晶瑩，明明我是有恐懼的，又有一種遼闊的超越性，彷彿看見頂峰景象，似當初爬喜馬拉雅山的壯麗，一個人發自靈魂深處的慈悲，是他已從漫長的內在爭鬥與孤寂裡穿行許久。

到最後，人們看他高處不勝寒，評價他孤寂得可憐，可是他本人卻不再覺得寒冷，還會樂在其中。

此時，想起啟蒙恩師L的預言，「瑞希的靈魂天命是引導人類活出自我的。內在有個系譜是在做這件事，通常是詩人或藝術家。」

我看到了我的完成式。

可是我還沒有抵達。

甚至講完後，我又問里昂。

「聽了這些，你會對我扣分嗎？」

沒長進的傢伙。

里昂的視線鎖住前方的潺潺流水，進行他一貫漫長的思索。

「我沒有對妳扣分。」他出乎意料冷靜，「因為和妳在一起，我都沒有在評分。」

里昂說，在親密關係裡，他已走完這關。

他能夠在物質及精神世界自我照護，同時擁有被他人照顧的渴望，只是和年輕時的自己不同的是，他不再對此抱有期待。如果能遇到理解他價值觀、能接受全部的他的人，他不會視為理所當然，反而是附加的禮物。

我向里昂提到，阿龍跟歷任前男友都會評分。

里昂點頭，表示能理解那些男人，一個人會在關係有評分機制，因他們需要跟對方討要，他們還是存在打從心裡無法接納自己的狀態。

還有一點，他們終究盼望關係走到永遠，這是缺乏安全感的展現。其實不光男人，連女人踏入關係也會斟酌個性、考量經濟合適與否，也是這樣的心態。

這是打從珍奧斯汀的年代就在訴說的婚戀觀。

婚姻與承諾都是合作關係，陳舊價值講到後面被當成真理，於是人類便忽視現實並不等於真理，每一個精準的盤算與估量，身後不過是站著兩個無法走向完整的個體，兩個需要解決生存問題的內在小孩，不是全知之愛。

有趣的是，不是全知之愛又如何呢？有些人的客觀社會情境，令他們不敢想像奮力一搏之後的風景，寧可停在原地，這沒有對錯。

活出自我的極端值，其決絕與清醒程度，哪怕稍微體會到這點，也就不會想說教，更不會想指導別人什麼是獨立男性或女性。因清楚最終的抵達多艱難，你便會尊重每個人的選擇，畢竟總會有一天，可能你自己也做不到。這是我和里昂的想法，我們已能看見所有人的選擇。

「可是我對妳，始終是此時此刻。」

里昂繼續說：「我用最真實的我，去感受最真實的妳。」

「當妳能做到別人背棄妳，妳卻不再背棄妳自己時。妳的文字將會非常有力量。」

目光從溪水緩緩收回我身上，里昂將手掌擱上我的大腿，口氣堅定卻柔軟。我們就這麼對望，聆聽風聲與鳥叫，回到當下。

「妳有一天會明白，無論妳有沒有接受自己，我都會在妳身邊，直到妳離開我為止。」

「我還是會在。」他說。

第2課 練習表達

鬧鐘還沒響，我就醒來了。按照慣例，先不滑手機，坐床上冥想半小時，接著去廚房泡拿鐵，煎一顆荷包蛋。只是內心並無往常悠哉，整顆心沒在五臟六腑間安放，是飛向千里之外。

我想里昂了。

點開 Line 的對話框，停留在上週約會前的時間地點。里昂跟我向來不習慣每天早安你好晚安在幹嘛。常連續幾天深度的整日約會，之後半個月不聯繫，偶爾就在對話框丟些照片影片什麼，都是分享，不期待誰有回音。

我喜歡跟里昂的這個相處模式。

想起過去交往一任男友，睡前堅持視訊電話。哪怕沒事好說，然當對方開口一句「只想看妳」，口吻似鳥巢嗷嗷待哺的幼雛，我就不由自主變成媽，五官和聲音是他的飼料，日日滿足需求。

然而，無話可說又非出自本性的鏡頭，打開了終究不自在，某天忍不住向男友坦白，自己不喜歡天天講電話、傳密集訊息，換來對方「妳只是沒有那麼愛我」的委屈，分手後數度懷疑個性是不是該改改？是不是太自我中心？

故而，碰到和自身生活習慣及喜好相同的里昂，省掉需大量磨合的內耗，自然會有欣喜。不過生活習性再相似，仍有例外，像那天早上起床，我突然對里昂有了掛記，很思念他，想知道他在幹嘛。

我決定要找他聊天。

我先丟一個 IG 影片，是兩隻貓咪蜷縮在一塊取暖的畫面。

人們在 IG 喜歡看成群結隊的小動物，有時愛的不是動物本身，是背後互相依偎的歸屬感。經期來前的黃體素及雌激素高峰期，除性慾高漲，還發現自己特別喜歡看這類型的小動物群聚影片，明白自認再怎麼獨立自主、瀟灑自由之人，仍會需要安全感，或渴望一個懂自己的人。想被黏又不能太黏，主控權都在自己身上有多好，只是關鍵在於你想人家怎樣黏你，人家還不見得能照你的希望來。期待，一直是各種情緒發生的起源。

里昂看了影片，沒有回應，丟給我一個愛心貼圖。

這個日常舉動，跟里昂不是沒對彼此做過。

可是那天我的心情特別苦悶。

見里昂只回個貼圖，我就沒打算繼續關心，趕緊用工作轉移焦點。

所幸當天行程繁多，東忙西忙苦悶也就少了大半。雖然掛記還是存在，只是抱持「對方沒回應那我也不要主動」的賭氣，就這麼搖擺到了睡覺時間，以一種微微苦澀又不想輸的心情入眠，那天雖然工作繁忙，時光卻過得尤其漫長。

隔天醒來，我又想里昂了。

而且，想念的心情越來越濃郁。

作為一個太陽月亮上升都在變動星座的女人，我沒辦法克制自己不去表達情感，想起里昂對我說，「我想跟妳一起去探索各種活動。」於是特地找間在行天宮附近的搖擺舞課程，買單堂就可以上，可以更換舞伴，價格也親民。

我將課程連結丟給里昂，用語音問：「我找了間搖擺舞課程，在週日，有時間一起？」

說完補上一句，口氣軟軟地。

「你有沒有想我呀？」

里昂迅速已讀，同樣用語音回應，聲調歡快。

「週日那天有工作要處理，等出差回來可以找一天去。」他順帶將未來幾天行程都詳細敘述給我聽，唯獨省略「你有沒有想我呀」這句提問。

我知道，里昂是漏聽了。

不過，當下聽完語音，我整個人又陷進苦悶。

我先對他的回應按了愛心，說聲「好喔那我們再約」，決定去洗澡。

連續兩天都有苦悶情緒出現，我捕捉到這份匯聚賭氣與失落感的狀態，曉得自己又進到同樣迴圈。

轉開蓮蓬頭，任由頭頂與背部被水柱重重拍打，看著水滑過身體，如絲絲針線一樣地落在浴室地板啪啪作響。被水沖刷的每一秒，於我來說就是冥想，讓我免於譴責對方或自己，專注看著這一切，到底發生什麼事。

一段日常不過的回答，幾週前我能視為正常，這兩天卻陰陽怪氣地賭氣與落寞，不過是對對方回應抱了期待，而當結局不符預想，便上綱到了「是不是我比較愛對方而對方沒有」的牛角尖。

我變成那個最讓我不耐煩的前男友，同時明晰一個人若對自己和關係不夠信任，始終懷揣著怕被遺棄的軟弱，那麼對方的無心之舉，都能成為阻礙你身心自由的絆腳石。

看見這些，我接受自己的驕傲和沮喪。

只是冷靜過後，我開始檢視這一連串的行動。

傳了小動物影片，傳了課程報名表單，又丟出「你有沒有想我」的問句，這些超級迂迴的行為，潛台詞不過是想表達「我很想你」，那為什麼我就不直接跟里昂說「我很想你」就好，跑去做這些多餘動作有必要嗎？

問題丟出，答案很快浮現。

實際上，當一個人的自我覺察養成習慣，他會對自己提出的每個問句、每個答覆和每個行為都會探究原因，並發現這是相當好玩的事。

所有潛台詞，皆因怕被拒絕而誕生。

面對跟里昂的開放式關係，我看見自己仍舊小心翼翼、無法全然敞開。哪怕我愛里昂，卻很擔心被他傷害，即便他目前為止都讓我感到身心滿足。我被自己的不安全感困住，才需要透過「你有沒有想我」這種探問給自己做確認。但「我很想你」和「你有沒有想我」是不一樣的，前者屬於無懼對方答案、不在意對方回應好壞而抱有的全然之愛，後者則是基於害怕失去而形成的向外索討。

假使對方明明沒有想你卻必須回答「有」，那麼你的這份探問，無疑讓你最愛的人下意識為了討好你選擇自我欺瞞，無法全然地實踐自由意志；又或，假設對方沒有想你也老實地回答「沒有」，倘若你就這樣指責對方，似乎也與人們在情感關係渴望的誠實與尊重自相矛盾，畢竟你得尊重對方此刻並沒有想念你，而這也不等於他不愛你這個人。

再有一種可能，假設對方沒有想你也老實地回答「沒有」，倘若你就此疏遠他，或說不愛就不愛，那麼也許你能從中檢視自己口中那份愛的深度，有沒有可能與你對自己的想像有落差。以上沒有對錯，不過是覺察後對自己的嶄新發現。

有人會解釋在情感關係裡，白色謊言是種為愛妥協。

坦白說，我認為每個人在關係裡有他們各自的相處模式。

可是我與里昂已承諾彼此，在對方面前毫無隱瞞、只做最真實的自己。我不想因自己毫無覺察下的匱乏行為，讓他說出違心之論、阻礙他的性格本貌。我想在尊重他的意願、接受最真實的他的情境下，投入地去愛他。

既然如此，所有取巧的語言與行為，要先被我自己過濾一輪。

「既然所有奇奇怪怪的行為，不過都是想說『我很想你』，那我就去跟他說我很想你吧！管他怎麼回答我。」

關掉蓮蓬頭，我決定把這一連串思索告訴里昂。

我先傳了訊息。

「我很想你。」我直說了。

再來，我向里昂分享上述發現。

我如實表達當初的苦悶跟賭氣，接著訴說我從這些情緒裡看見的盲點，且這一切都與他沒有關聯。實際上，在述說這些洞見時，我有一份飽滿的成就感，慶幸自己沒有在事情發生時就率先展現爆裂情緒，而是選擇先冷靜下來、退一步觀察和整理，再將這段「整理過後的思索」中性地和他述說，沒有譴責，是對自己有更深的洞悉。

里昂是一個喜歡自我覺察的人。

他很快就回覆。

「妳的發現很美麗。」他輕聲地說。

「人們都會害怕被拒絕、被遺棄，都在跟對方玩 Mind Game（大腦的詭計），說話跟行動讓人看不懂，卻不曉得一旦用內在的愛去走，很多事情都出乎意料簡單，就是不再恐懼地表達愛、分享喜悅，如此而已。」

我在里昂的回應底下按了讚，回到浴室，繼續把澡洗完。

而在擦乾身體、倒在床上準備睡覺前，我拿起手機，看見他傳的最後一則留言。

「我有想妳。」

第3課 練習無懼

峇里島旅居一個月，發生不少事。

可能在Ubud終於換到一間靠近稻田的民宿，白天見飽滿稻穗被輕柔的微風吹得優雅舞動，夜晚抬頭是漫天星斗點點。人一旦待在放鬆恬靜的氛圍，有些不敢做的事，瞬間就有了勇氣。

那夜，我決定將和里昂的情感關係發在公開社群。

經營社群有八年光景，炎上經歷不少，有的是發言不周全，有的是發言令人無法理解。無論前者後者，早期都不怎麼看留言，並非佯裝瀟脫而懶得和人計較與爭執，不過是不敢。

我不敢看別人對我的批評或讚美。批評我的，我招架不住；讚美我的，我總認為是恭維。哪怕一路走來的書寫主軸是自我探索，我是越寫越看見自己不是一個堅強的人。

手指按下發送鍵，按照慣例，我闔上電腦，跑去民宿泳池來來回回游泳，過程心不在焉，蛙式仰泳自由式胡亂變化，沒一招流進心流，決定上岸，在浴室潦潦草草沖了澡，急急忙忙上床睡覺，姿勢翻來覆去，百般動作下來貌似行雲流水，僅自己知道是掩飾內心矛盾的瞎忙。

對寫作，我是矛盾的。

以自己為主角的寫作，落筆很難不傷害人，因在我這邊是真實的，在別人那裡不見得是，可能還有投射、覺得我是公審，尤其當有了影響力，讓我越不敢寫自己，須抱著隨時隨地被評價在公審他人的風險，儘管非我本意。

透過書寫和自己靠近，發現我根本在一個由我信念造出來的劇場裡演一場戲，差別僅在我是清醒還是瘋魔。然而不瘋魔不成活，倘若演成瘋魔才算真正活著，那麼無所謂當事者清醒與否，再不清醒的表演，使他們的生命是場失敗及毀滅之作，卻仍是宇宙底下最精微的美麗。

因成長背景、教育方式、生命經驗與自我覺察的深度不同，別人對我做一件事或說哪些話，有他生長軌跡帶給他的角度，連說話與寫字的方式，都不會和我有相同的詮釋。

這點，我是從和母親的相處最為感觸。

曾跟母親聊天，談到想書寫跟里昂的這段關係。

母親認為，這是讓我吃虧的事。

她憂心寫下和里昂的關係，我將嫁不出去且老無所依；她恐懼其他男人認為我能接受愛人有這麼多情人，肯定是不檢點與人盡可夫的女人，甚至延伸到有很多男人視我為挑戰、想去玩弄我的感情。

當下我回答母親，妳總講這些對我不利的事。

她迅速接話，不利跟吃虧是兩件事。

在母親觀點，「不利」和「吃虧」是兩種意義。

不利是尚未發生，卻有失敗可能性；吃虧是具體損失，是已知事實。

這邊觀察母親以社會學角度進行思索，我容易把事情想得樂觀，過去就是因為這份奇異樂觀，我總學不會承擔。對書寫里昂，母親直接以預言判定我未來的愛情走向。

「跟里昂這樣的男人在一起，妳除了活出自己，沒有別條路。」

最後，她這麼說。

輾轉難眠一陣，索性走出房間，看向隔壁房間一片黑，其他住客已經睡去。我坐在戶外躺椅，無數星星在黑夜的大床安息，彷彿全世界剩我一人沒睡。我繼續盯著星星看，Ubud 的星星數也數不完，我開始數一顆星星，就探索一段回憶。

發布和里昂關係的文章令我矛盾，我萬分清楚這是我想做的事，卻被母親預言影響。靈魂的心意不會有矛盾，一旦產生矛盾，與之相反的拉力必是恐懼，而所有的恐懼源自過去世。（是指已經不包含今生今世的過去，而是和前世有關，也就是過去創傷記憶＋前世）

母親提供可被預見的結果，我隱約看見（俗稱大腦知道），似乎沒有心理準備承擔。

有一部分，我對自己的戀愛腦沒信心，擔心真如母親所想會被男人欺騙與玩弄，母親的預言和我過去慘痛的十幾段戀愛經歷鉤織在一起，我擔憂成為回到那個沒有思考、對愛情充滿執念的女人，迎來被無數男人拋棄的輪迴。

及，我恐懼被人嘲笑是不正常的。

奠基過去經驗，我常被外界嘲笑到，連自己都以為自己不正常了。

時下不少人對「走心的戀愛腦」有貶義，判定這不是獨立女性（或活出自我的女性）該有的品質，這些 Pick Me Girl 言論總讓我懷疑身為一個默默被推向書寫活出自我、個體化主題的作家，現在憑心意喜歡一個擁有多重伴侶關係的男人是否就是有問題的、顧全大局的、自我犧牲的女人？

倘若我是一個腦袋不清楚、憑感受先行的人，寫出愛上一位「別人認為是渣男」的文章是適合時下女人看的嗎？是否我最後必須要離開他，才算是一種獨立女性自我實現的結局？

我怕被市場拋棄。

我擔心被外界嘲笑後，不只是在戀愛被拋棄，還在寫作事業被鄙視。

躺在躺椅上，我竟然笑了。

我被自己鬼打牆逗笑。

這些情境這麼熟悉，和學生時期被同儕排擠，出社會奮力想獲得媒體圈或文學圈等長官肯定於是努力想轉型的恐懼，又或想得到戀人理解卻無果最終被對方遠離，種種反覆翻閱到厭膩的往事，像見一坨坨換湯不換藥的屎，我已看到麻痺。

有必要繼續在同一個內在衝突兜圈子嗎？

思及至此，我傳簡訊給里昂，問他睡了嗎？

里昂說還沒。

他正籌備要帶我去見父母，緊接帶我還有他的爸媽到新疆旅行一個月，正在跟旅行團訂製專屬四人的旅遊，並買好我的機票。這些日子，里昂有一些改變，從原本在金錢堅持各付各，到現在願意在物質為我付出。

他說：「我現在就是想這麼對妳，因為妳接受了完整的我。」

可是，我還沒接受自己，我心想。

我告訴里昂，我已經把和他的關係公開在社群，之前在限動分享時，雖然有人支持，但也有其他人講滿難聽的話。

而今曝光在臉書，我有點害怕。

里昂很快回信。

「我親愛的希，別人會有這些想法我不太意外。其實可怕的批判也是一份禮物，讓我們看到別人主觀的投射，還有我們內在直接的反應。」

他鼓勵我利用這個機會保留這些留言，檢視一下自己的狀態。

「他們有說到盲點，就感謝他們。」

里昂寫道，如果就是他們的投射與誤解，可以看到自己為什麼在乎，並說出最真實的現況與妳的想法，不用管他們是否能夠接受，但妳要如實表達，這是妳的一貫風格，搞不好可以透過這個機會，寫出一篇妳跟讀者的親密關係。

他也給我打了預防針。

「我們之間的親密關係跟連結不是一般大眾可以理解和接受的，將來會遇到很多的批判指責與謾罵。我們可以提醒彼此透過這些機會看到自己，看到他人，還有這個社會的集體潛意識，對我們都是很好的成長，只會讓我們的關係更緊密。」

「其他人能不能接受就沒那麼重要，只要我們能接受自己接受彼此就夠了，是吧？」

每當憎恨自身行動總是走在大腦前，而最終抵達卻又讓我深愛於此，我深愛我的行動總是跟隨著心意走在大腦前，不過我清楚自己還需做到一件事，才能終結這個猶如莫比烏斯環的內在分裂。

里昂的建議給了我靈感。

不光恐懼失去里昂後不會再有其他對象，或人生經驗、事業方向不被人理解，光是我與母親在認知及使用詞彙的方式，已存在需被雙方釐清及填補的空白，遑論其他親密關係如友誼、愛人，甚至根本不認識的讀者及網友？

我知道，我要發自內心承擔他們怎麼想我。

可是在此之前，我必須先一一解開那些束縛我的未來預言，還有那些過去。

那麼我首先要做的，是不能逃避。

我再也不想扛著過去的挫敗經驗和他人灌輸的恐懼了。

我擅長的是文字。

假設把網友的批判、市場的評價，及母親的恐懼都用文字一一記錄，用抽離眼光觀看這些評價，我會怎麼梳開？坦白說當想到這裡，竟然有一種好奇跟好玩的感覺。

我滑開手機，打開社群，觀看網友的留言及私訊。

「就是一個愛上砲友的人。」

「被別人當砲友了，還在那邊自我安慰且自認大愛的女人。」

「真羨慕那個男人，能找到女人幫他的理念宣傳。」

每個網友的批評，我都靜心體會、冷靜觀察，留言像斧頭朝身上砍下，我好奇地體驗那些批評砍進心臟的感覺，尤其浮現一種「想要解釋自己的迫切」，這是我過去最常出現的情緒。

排除名譽毀謗等涉及法律的狀況，當一個人努力想要對外解釋什麼，其深層狀態是不夠信任自己與對方，一個覺得自己已經被愛、很相信自己會實現夢想的人，根本不會時常把「顯化夢想」掛在嘴上，你早已在呼吸，你已經擁有空氣，何必還去找空氣？你不會去找一個你已經有的東西。

有兩則留言，有召喚我想要反擊跟解釋自己的不舒服，而這份不安的情緒，源自害怕。

我觀察我在害怕什麼。

幾個網友說，就是一個愛上砲友的人。

這個留言會讓我傷心，是想到過去也有經驗過這樣開放式關係的情境，最後發現男生並沒有對我認真，讓我懷疑自己是一個不被愛的人，而在主觀跟客觀來看，都是被利用的角色。

這個網友的留言，勾起我的擔憂，深怕會不會跟里昂的關係也是這樣？可正是如此，我重新靜心下來，回溯我和里昂此時此刻的相處。

我看見我們交流時的深度，看見里昂會向我分享所有的事，勇敢向我表達他的情緒，連想帶我見他的父母、跟父母結伴到新疆玩的旅行都已經計畫了。這讓我很快就明白，那是網友自己的投射，他可能把他不快樂的情感經驗，或是看過的失敗感情放到我的身上。

剎那，我好了。

第二個在乎的留言，是一個哲學系老教授。

他說：「妳的個性就是誠實跟認真，但妳的困惑點就是不夠誠『實』和不夠認『真』。」

這讓我懷疑自己是否是一個自我探索還不夠深的人。因為我是會想讓自己更好的，也會想朝自由自在、快樂輕鬆的方向前進，這個教授的講法，會讓我覺得，難道我現在是不對的嗎？

我又再度靜心，發現一件事。

不管宇宙真相是什麼，不管我探測真理到多深，重要的是，此時此刻我喜歡里昂，我覺得跟他相處起來很有品質，他讓我感到安心自在，排除別人加諸在我身上的投射，我們每次見面都那麼快樂，他也是這麼對我，我清楚他此刻也對我是真心的。

無論探索夠深與否，我只想感受當下和他的每一刻。

想到這裡，教授的話也讓我解放了。

同時，我看見公眾人物的挑戰。

公眾人物有壓力的地方，是當每個留言出來，絕對有他們的立場，說出來也會有他們的道理跟邏輯。

可是關鍵是，我怎麼看這件事？

即便是一個戀愛腦的、跟著感覺走的女人，我有沒有為此勇敢表達我的需求？我敢不敢和對方討論我的想要？我有沒有在這段關係委屈自己？對方又是如何看待及對待我？我們私下是怎麼相處？才是最重要的。

人們對未來的擔憂，皆源於過去的失敗經驗。

甚至，有些經驗還不是第一手的，連包含「觀看別人的失敗經驗」都成了枷鎖，牢牢地將他們自己綁住。

母親說，書寫里昂會導致我老無所依。

但，找一個能真正依靠的對象才是正解嗎？現在都什麼時代了，即便選擇結婚，或其他一對一關係，已不能確保自己老有所依，世上仍有兒女背棄父母，夫妻互相背棄的例子，「單獨」從來就是個體的必然。

說真的，我不想要為多重伴侶關係，或一對一關係歌功頌德，因兩種關係都是說變就變。哪怕是多重伴侶關係，也有發展主要伴侶跟次要伴侶的例子，至於一對一關係，出軌離婚的例子多不勝數。

若所有規矩都會變，那我到底要什麼？

我對這個人此刻的感覺才是重要的吧？

哪怕被全世界拋棄，我都能活得好好的、不背棄自己的靈魂跟心意才是重點吧，我不想要當一個成天恐懼被拋棄，於是想方設法評估一個不被拋下的可能性，這對我來說實在本末倒置。

扎實想通後，睏意來襲。

我將和網友的親密關係，寫成這篇文章，還想若能在未來把千萬個網友罵我的留言，都能一一檢視，感知不同刀鋒插進我的心臟，利刃為鏡，引領我穿越自己的前世，轉變為花朵溫柔盛放，是很棒的行動藝術，且永遠不缺靈感，日日都能生產。

恐懼被我撫平後，懷著喜悅的平靜，我睡著了。

這是我在 Ubud 睡過最好的一覺。

現在，對母親的預言我滿心感謝，不再受其影響。

我清楚我不是過去的高瑞希，能讓我愛上的男人，需要和我達成精神世界的深刻激盪。另外，我是無懼在關係表達自我的，哪怕人家想挑戰我，往往談天一次後我就知道答案，那是連深層意識都無法控制。

要達到被世界拋棄也不背棄自己的狀態，核心關鍵仍是：**我在心靈上、在物質上都能是獨立的**。奠基在靈魂、情緒、物質世界（包含實力）的穩定，是需要個體先自行發展的。

那麼親密關係，甚至婚姻的存在，就會進展到下一個階段。抵達靈魂最高利益的，共創。

第4課 練習共創

在台灣上過不同類型的身心靈療癒課，遇見數位巫女巫師，哈利波特滿天下的時代，皆提劃界線的重要性。然而，在峇里島和傳奇女祭司 Ida Resi Alit 對談，她卻說了讓我極有共鳴的話。

不要急著跟別人劃界線。

劃界線是應該的，是健康陽性能量的展現。

過頭，就是另件事了。

一旦「急著」劃界線，或「到處」劃界線，這是很粗暴的、不平衡的陽性力量的展現。

曾見一篇文章，一位作者驕傲表示，自己近日刪掉上百朋友、噤聲數位朋友的限動，因她不想再做一個顧全大局的人，而當她將數百人都封鎖噤聲，她覺得人生格外舒服。

說實話，我覺得這沒有所謂好跟不好。

一個人的內在創傷深刻到已無力讓他繼續探索下去，想和萬物拉開界線、與自己想相處的人待在同溫層，是一種必然且不需被指責的情境，若輕易說這種行為就是不好，在宇宙的宏觀視野，是局限個體發展的多樣性。對了，我這邊的「創傷」是中性指涉，我也受夠人們把創傷當負面了。

現在的我會覺得別人是別人，不想干涉，倘若他們選擇自我局限是心甘情願且舒服快樂，都是美麗且沒有錯誤的。人如果想要待在自己情緒安適的地方、好好照顧自己的心，請問哪有什麼問題。

不過，我是怎樣呢？

每當想劃界線的情緒從內在升起，我已經能做到理性地觀察、感性地品味。

Ida Resi Alit說，每個人的能量頻率可抵達的潛力是無限，只是被創傷拖垮而被縮小的是多數。然而，她觀看我靈魂進展的能量頻率，已能讓我做到彈性廣袤。

「一旦認出不舒服，當妳可以用『行動』去和過往和解，甚至用妳的方式進行創造性的表達，這是一個充滿創造力的、強大的陰性力量的展現，那不會是哀傷與憤怒的攻擊性，而是一種神奇的驚嘆感。」

但不管我的能量頻率上升下降，我是想讓自己的內在挑戰這種狀態，是我開始覺得這是很好玩的事情。

如果世界有專業，我的專業，是研究我自己。

既然要研究，就是不放過自己。

可是，一個人能做到長期不放過自己，也是心甘情願對自身過去與現在樂在其中。有讀者認為我對自己殘忍，豈知這份痛快竟令我無法對外訴說，都覺得出版書籍或寫文章仍是蒼白。

但我確定的是，忙著封鎖，封鎖不完的。

某天，我上網搜尋「高瑞希 菁英男」，這是前年寫的一篇爭議文章，批評高過讚美。現在回想有語境不周全之處，會不周全，是我的智性發展尚未抵達涵融。對於那些批評，那時周遭朋友也叫我別看，說罵得難聽，人身攻擊、詛咒未來跟嘲諷訕笑都有。

我決定把那些罵我的文章看過一遍。

我先看幾個身心靈名人罵我的文章，及底下諷刺我的留言，接著拿起筆記本，一一紀錄我有感覺的，至於沒有感覺的我就不理了。

我觀察到，我不喜歡被人說「優越感」。

我緩慢地感受，為何我對這個形容詞有感覺？

因為他們講中了。

當時，我超級需要別人覺得我是特別的。

別人一度稱我是天生的巫女、天生的薩滿，我會輕易信任對方，覺得對方看見我的美好，就此陷入「高低」與「公平」的挑戰情境，涉及高低位階，必然伴隨公平的討論，我會跟擁有這個議題的人一起做內在鍛鍊。

直到那天見對方在臉書痛罵我，她這樣對我公平嗎？

本想用筆記本紀錄感受，竟無任何負面想法，而是生出憐憫。

和里昂就曾討論「公平」這個內在議題。最後落在一旦攤開講公平，這段關係就是存在圖謀，不是神性之愛。一樣地，記得這沒有不好，我後面會講得更明白些，其實前半段已說明，把任何言行都訂下絕對好壞，將嚴重局限宇宙要個體發展的彈性，況且我們終究是人不是神。

能深度挖掘的，是當對方無意想傷害你，你為什麼還是感到不公平？你是否曾被有影響力的人欺負過，遂將這個往事套進現在，認為對方就是欺負你？想到這，我對那位對外痛罵我在公審的人充滿感謝與祝福，謝謝對方讓我有機會探索這個概念並生出作品，同時祝福他能從內在的受害情境順利脫離、尋回平靜。

和里昂討論親密關係的公平時，抽過一張神諭卡。

「用一生無法裁定公平這件事，關於公平，記載在輪迴裡。」

為何會跟里昂討論公平？

其實，這是和他交往期間，我從原本很自我陶醉地投入愛他，後面數度懷疑我到底有沒有「無條件地」深愛這個男人？會有這個懷疑，是見有讀者為我和里昂的關係歌頌讚美，說是奧修提倡的無條件的愛，我感到嚴重心虛。

起初無法接受開放式關係，不是一對一關係是我靈魂最高利益的追求，是我想要人家一對一待我，這樣子的我才是獨一無二的、是一種被對方重視的表現，還有能夠得到安全感。

誠如這本書其他篇章講的，該狀態在我意識到自己是獨特且有風格的存在之際，他有三萬個情人都不干我事。我在物質經濟是穩定的，在情緒的照顧能自我調節，對目標的追求是執著專一，我發自內心信任自己的生命是如此安全，一對一關係於我來說根本不重要。

曾有名言，人要談簡單的關係，做困難的事。

有人以為一對一關係較為簡單，但是所謂簡單，是指雙方相處時的內心簡單，不是形式簡單。

可是這段關係裡，我確實有承擔。

我向里昂提過性病的隱憂。

他需要和女人有連結，發生性愛走隨順因緣的路線。

但是，我此刻只喜歡里昂。

根據過往經驗，我在情感關係雖有出軌，卻不需同時跟很多情人連結。

通常情況，我是愛上其他人後斬斷原有關係，而因曉得連自身情感都是流動，自然不會生出管束里昂感情這種事。我自己都做不到，就不用要求別人為我做到。但隨著對自己越來越認識且認同，我不容易喜歡上男人是真的，更沒有想要跟自己不喜歡的男人發生關係，這是我的個性。

我對里昂提出需求，坦言不想得性病。

我說，我要照顧我的身體，請他針對這件事給我一個解決方案。我不需要跟其他男人有性愛連結，我認為光是喜歡一個男人，已能探索我內在很大的宇宙，不必透過很多個男人。

不久後，里昂遞給我他的性病檢查報告，說會定期做篩檢讓我安心。

即便如此，我還是需要保護自己的身體、做好避孕。

以上解方仍是未知，是我的承擔。

除被傳染性病的隱憂，我還要承擔的，是涵蓋見到他與其他女人在一起時會出現的難過及失落，其實每當這種感覺出現，我知道我是愛他的。

但是，我也觀察到伴隨自我支持、自我理解、自我認同的狀態越來越篤定，這股內在失落慢慢減低，現在來到我生出一種感覺，若能讓其他女人感受到里昂的溫柔個性也是件好事，我想分享里昂的美好給她們。

在我和朋友講述這個心情，常被說是瘋女人，認為我腦袋不清楚要完蛋了，總讓我哈哈大笑。

可是，我願意接納這樣的里昂，是帶有一個很大的條件的。

日積月累的觀察與感覺，我明晰里昂真心視遊戲人間為他的天命，卻無損其心地善良、尊重他人的品質，他完全讓我隨心所欲做自己，這般賈寶玉或韋小寶人格一度令我傻眼。

實際上，曾帶幾個朋友見過里昂（包含葉穎，她是能感受能量的人），事前對他嫌東嫌西，見面聊天徹底驚呆，我的天，瑞希，他是一個奇行種。

朋友說，里昂的身上有股童真的、純淨的能量場，不是污濁與混亂。

甚至，我讓里昂抽禪卡，問遊戲人間是否為其天命？竟是「四海一家」這張牌，OK，哪怕是抽離觀察，再到玄學神秘學都用上，兩相驗證後是怪人一枚。

再想想自己也很奇怪，會相遇相知也是必然。

里昂身上的特質，是我想書寫的。

我愛他不假。

可是我甘願承擔這麼多，是他能讓我自由書寫我們的關係狀態，包含不完美的他。

過去遇到的人，都是要我寫好不寫壞，不只是想用我拉生意的，包含連我的姐妹也是這樣，其實這才是正常人，所以有些我都不寫，我必須尊重他們，但這也讓我覺得綁手綁腳。

里昂不在乎這個。

「妳要寫我好，就也要寫我不好，我們要成為彼此的鏡子。」他說。

他跟我一樣瘋狂。

在自我支持、自我理解和自我接納後，我曉得里昂的最高利益，是情感上的絕對自由，但他的這個底層需求並沒有和我衝突到。

我的最高利益，是書寫上的絕對自由。

原本里昂在書寫多少對我有要求，雖然允許我書寫真實的他，但還是希望他能看過或稍作修改，後來我挑明指出，我接受你的底層需求，因而承擔其他女人的存在或性病的可能（哪怕偶爾恐懼焦慮），你必須要接受我書寫上絕對的自由自在，包含你要承擔我怎麼講你，還有我會隨時隨地發布限動，我不想給你一直檢查。

我問，你可以嗎？

他答，好，我本來就想解放自己了。

但在那個晚上，我卻看見了，有條件與無條件的，愛的奧祕。

我看見我在利用里昂。

因為我根本不需要他接住我的情緒，也不需要他養我，可是他讓我越來越喜歡且此刻不想離開的理由，是他能給我書寫絕對的自由，我知道起碼我沒有遇過別人敢這麼做。

我看見我是先「無條件愛我自己」，我先以自己的需求為優先後，才來到真正接納這樣的他，並願意承擔風險、尊重他的個體性。

更甚，這份無條件的自愛，是包含我早就能夠自我調節情緒、物質自給自足、實力靠自身累積，內在安全感靠自己達成。當我將所有小我清理掉，扎扎實實的，看見我靈魂的最高利益——任何阻礙我創造的人事物，誰都別來擋我。我要享有尊重我創作自由的人。

里昂願意跟我共創。

及，我跟他都清楚且討論過，我們未來還有更多創造的潛力。

許多人眼裡，他們需要婚姻是生存需求。

但在我的眼裡，婚姻誠如珍奧斯汀所述，它就是一場合作關係。

早期女人沒有權益或意識爭取自身想要，也無法將底層陳舊信念盡數拔除，致使她們尋覓對象是為了滿足情感及物質的依賴，為了填補動物性的生存恐懼。一樣地，這沒有對錯（拜託一定要記得這個），每個人的發展階段都不一樣。

但是我的想法來到一個新的概念。

當我無條件尊重我的個體性時，那麼親密關係，甚至婚姻的存在，就不再是滿足個體情緒或自尊的需求，而是資源共享和理念相同才要有的結合，是我靈魂想做的事，我服務於祂的需求，而不是我的生存。

事實上，里昂過去為全球知名富豪及企業家創造影響力，在國際間享有名聲，也是他對「共好」有理想。

那晚，還有一件事。

有知名出版社找里昂出創業家自傳，我對里昂說，若需要我為你進行寫作指導或修改文稿，我很願意做這件事，「但之後環遊世界的旅費，你要全數幫我負擔。」語畢我說，我跟你都在累積正向體驗，寫書是你想嘗試的，而我想要跟你累積好玩的旅行與探索。

提出這些需求時，我一點都不心虛。

他笑了，點點頭。

「我甘願被妳利用。」里昂說，「倘若未來大家問我，我還是會這麼說。」

當一個人先無條件深愛自己，並將自身舊有制約全數看見並破除，且不會忙著跟對方討要情緒價值時，那麼無條件的尊重與愛他人，便是自然會發生的事了。

雖然公平與否，記錄在輪迴裡。代表無條件的愛根本沒有所謂公平。

可是，我不是活菩薩跟聖母馬利亞，要想讓我無條件接受一個人，對方也需要無條件接受我就是這樣，就像里昂。

里昂是自我認知極強的人，他明白我要的很簡單，我的需求只有一個而已，儘管那個需求簡直難如登天，卻剛好沒跟他衝突到。就是那刻，我越來越喜歡里昂，並想著若能跟其他女人分享這麼寬廣的他也不錯。

「你知道嗎？我不是上帝，我沒有無條件的愛。我只有先無條件看見我的需求，而我希望你也能對你自己如此。」我說。

我和里昂終究有算計。

只是當意識到了，我們卻對彼此生出了無條件的愛，公不公平的討論也消融，剩下心甘情願的承擔。我想，如果認知到自己不是神明、不是巫女薩滿、不是什麼傳訊者的瞬間，反而會跟著心走，並敢於討論需求，或許公平也是不可言說的奧秘了。

和里昂的這段親密關係，清楚當自己不需要別人認為我是獨特之際，高低的分別心與特殊性，就在我的心裡消融。剩下的是——我想要分享什麼？

甚至，我來到每個人都是這麼特別，假設不要物理傷害他人（意即肢體暴力），那麼任何情緒上的不舒服，倘若先被我自己探索直到再也沒感覺，甚至來到充滿愛的那刻，我就知道那是我真實地和過去和解的時候。

第5課 練習分手

新疆禾木村，被稱為神的自留地。

途經一排由原木搭建的人字型屋頂小木屋，見村民將生肉向上丟，順著他們的目光，老鷹在藍色無雲的晴空盤旋，悠然敞開的鷹翅因戒備打直，滑翔翼般俯衝掠過人們頭頂，並在頭髮感受風速的瞬間，叼起了肉，拔高向上，回到藍天。

我朝村民方向走去，問能不能給我們一塊生肉餵鷹？

村民以下巴朝旁邊努了努，那邊有一大箱生雞肉要消耗掉，想餵就儘管吧。

我從箱子撈一塊，雀躍小跑步到里昂旁邊，將肉遞給他，問要不試試看？

里昂掛著溫和微笑，沒接過我的生肉，逕自跑去箱子拿一塊，一語不發地朝空中丟去。

從小木屋並肩散步到餵鷹，他就沒跟我說話。

路上，我向里昂手指山水牛馬，他皆隨便應應。其實更早的早晨，開往禾木村的接駁車上，他就一臉悶悶不樂，懷疑他在旅程是否遇到什麼不開心的事，更想事情是否與我有關？自己是不是做錯什麼。

邊觀察里昂餵鷹，帶著一種被冷落的委屈又渴望被他發現的心情，我拿著生雞肉站在一旁，感覺手濕濕黏黏的，知道再不丟去餵鷹，雞皮跟雞肉都要被手掌的溫度剝離到拿不穩了，卻仍舊盼著里昂能回頭關心。關於身心靈的自我轉化那套，在情緒上來的當下通通無效，你依然任由自己被這股被忽視的困惑吞噬。

里昂手臂甩得格外用力，有一種洩憤感。

他陷在某個情緒，我不知道是什麼，而他好像不想或不敢讓我知道。只不過，我們已承諾要在對方面前做真實的自己，尷尬下去不是辦法，我必須得當跨步的那個。

我故作輕鬆走到里昂身旁，將雞肉拋向天空。

你心情不好嗎？我問。

果不其然，因掌溫增加重量，加上本身臂力太小，整坨生肉直直墜到前方泥土地摔得四分五裂。癱軟的生肉和因重擊溢出來的血水似乎成為預演，直覺早已搶先提醒，里昂接下來講的話不會讓我喜歡。

停下動作，此時的他已經汗流浹背，悄聲說，有一點。

怎麼了？

我有一種不祥預感。

里昂欲言又止，看我一下，眼神抱歉。很快地，他撇過頭，看了裝著滿滿生雞肉的箱子，沒有過去拿肉。接著又抬頭，望向天空的鷹群。下一秒，我見他嘴巴嘖一聲，像下定什麼決心。

「希，對不起，我沒有愛妳了。」他急促地說。

「我發現我還是沒有辦法愛妳。」

「我只能給妳無條件的愛，但就是不能愛妳。」

剛認識到現在，這些話里昂說太多次，我本該習慣才對。然而當下我卻面無表情，嘴巴繃成一條線。大概體感時間過五分鐘那麼漫長，才聽到自己擠出一句。

「好，我們分手吧。」

此時的新疆旅行，才第三天。

／／／

旅行前，就發生不少事。

去新疆前幾週，一切都很好。

里昂帶我見了他的父母。

他的母親會關心我的生活點滴，教我幾道里昂喜歡吃的菜色，說以後我可以煮給他吃，擔憂兒子從小到大獨立生活，熱愛自由慣了，現下有個女人能努力接受那麼多情人的他，洗菜時悄聲向我道謝，「妳也是不容易。」她嘆。

里昂告訴我，他深深地感受到我嘗試接受這樣的他，哪怕雙方情感價值如此衝突。

這半年來，眼看我反覆轉化嫉妒、比較等情緒，每晚在他眼前流下的眼淚和下一秒的破涕為笑，有時會感到憐惜，這令他更想珍惜我。於是，除帶我見父母，他也規劃這趟為期一個月的新疆旅行，想讓我跟他的父母同樂。里昂爸得知此事還傳訊給兒子，問是否能把我當成家人看待。里昂欣然應允。

里昂開始在住處增添放我日用品的位置，幫我買了雙露營專用的溯溪鞋，新疆旅行的費用全數由他買單，以上都是他從未替過往情人做的事。遙想剛認識時他說，絕不幫情人們出錢，因要維持女人的個體性，不想讓她們因這樣就過度仰賴自己。

我訝異問他，為何對我如此？

他笑說，是我願意這麼做的，妳努力接受全部的我，而我此刻就是想要這麼對妳付出，這也讓我感到開心。

我想，我是被樂得暈陶陶吧。

踏入多重伴侶關係後，我開始和各種自我糾結奮戰，包含不斷面對我是不是最特別？我到底有沒有自愛？我在感情裡頭到底想要什麼？諸如此類的自我懷疑。老實說，這不是沒有壞處，在複雜的情感關係裡反覆定錨，每一次寫下的觀點，那些自我挖掘又轉化的過程，都像是長出一個新的自己，讓我的心智變得越發堅強。

不需要里昂，我也已經知道：自己是特別的。不過里昂這麼做，仍讓一個「早已自認自己是特別」的我，依然感受到被伴侶特別對待的幸福感。

未想這樣的幸福感，其實是變動的。

過了幾週後，來到新疆旅行的前三天。一晚到里昂家，吃完他為我煮的牛排大餐，他對我說，他的前女友 Vicky 回來了。

Vicky 和里昂認識時僅二十歲，兩人相差二十七歲，無損里昂對 Vicky 的喜愛，對她瘋狂展開追求。

兩人交往兩年，原是一對一伴侶關係，但因 Vicky 在工作及情緒還需獨立，且本質與里昂仍有不同之處，再加後期里昂坦言，其本性跟天命就是遊戲人間，需很多情人來滿足。

最終，他向 Vicky 坦承此事。

女方口頭支持，但在親密關係的行為卻是疏遠的。雙方越來越少見面，僅隔訊息傳著「親愛的」、「我愛你喔」相互關心，在里昂的視角，他跟 Vicky 仍然是情人狀態，是 Vicky 忙工作無法跟他出來。

也是那時，我進入里昂的生命。

初識里昂，我就知道 Vicky 這個人，清楚里昂對她的重視，那時他不斷向我提到，Vicky 就和我們一樣，是他情人裡頭的其中一位，他對我們都是一視同仁給予無條件的愛。

Vicky 和里昂，都擁有被忽視的童年生活。

身為千金小姐，Vicky 卻因家人的慣性暴力數度離家出走，被迫提早學習成熟獨立，同樣懷抱拯救社會的大願。里昂對 Vicky 的處境有共情，認為這個女孩和自己相似，無法割捨她，「我想要拯救她，支持她，助她的獨立之戰一臂之力。」他對我說過無數次。

即便我心裡最常想的是，你確定 Vicky 聽到這會開心嗎？她會想要被伴侶視為一個「需要被拯救」的角色嗎？然見里昂說得懇切激昂，我已不忍回應。

我深信他們這段關係的依附性，甚至，多數關係會因依附而持久。

但我知道，討好者、拯救者和受害者是一個輪迴。

由於兒時慣性討好家人的經驗，里昂已經不自覺成為一位拯救者，試圖想給予缺愛匱乏的女性支持。於是，當對方無法給予他同等關注，舉凡 Vicky 因忙於獨立無暇理會他，他就會感到受傷不平，進入受害者模式。

不光是里昂，任何人，包括我，都是如此。**你是受害者，必然當過討好者，再來是拯救者。假使你不願意承認自己身上有這三種人格的互映，一旦未來你擁有財名權力，你必然會成為加害者。**

舉例來說，我的童年與青少年都活在被霸凌的環境，這讓我在出社會後變成一位討好者。

進到職場面對人際關係，我下意識會因討好而畏懼說出自身想法，甚至附議他人。我曾經為了討好主管，背負一堆做不到的任務在身上，並在事後發現自己做不到而表達想法，被對方認為我在反悔，當初明明說可以怎麼現在不行，我被視為一位眼高手低的下屬。

這是一個冰山一角的舉例。

遭遇種種不平事件，我陷入受害者情結，覺得他們欺負我、他們不理解我、他們對我不公平，這對我來說是容易的，我無法承擔過去沒勇氣為自己發聲的行動，也無法承擔自身明明渴望得到某些利益，卻因言行太魯莽而失手，索性怪罪外界最快。反正，都是他們對我不公平。

後來，我因寫作小有名氣。

讀者開始向我訴說心事。

這使我成為一位激動的拯救者，深怕他們淪為和我過去相似的處境，我擔憂他們的靈魂與格局無法拓展，害怕他們因加害者的陰影而停下腳步，逼迫他們不准成為受害者；我擔憂他們不敢對他人說出真實想法，逼他們不准成為討好者。

可是，我忽略每個人成長步調不同。他們本該要親身經歷這些角色，讓一切自然而然被轉化，並非一個人站在過來人的制高點，這裡那裡亂指你該做些什麼才對。

走過這段旅程，我清楚受害者、拯救者和討好者根本同源。

甚至，我都模擬好一個情境。

當我高呼「自我成長」的大旗成立品牌（這件事我不覺得會發生但我就假設一下），對此深信不疑卻未帶有覺知，未來擁有權力財富和豐厚人脈，倘若我一直用拯救者看待自己，那麼對旗下員工，我必然會有無形暴力出現，在於我太把自己的理念當回事，覺得那是全世界最重要的事，大家都得跟我一起努力救世界才行。

然後，我就會因為被員工拒絕感受到理念被毀損，最終用我的名氣和財富，成為加害者，精神虐待我的員工而不自知。

面對拯救所有女性，包含拯救前女友，我提醒過里昂。

他完全不認同。

他說，他跟 Vicky 是真心相愛。說我不懂。

我決定不再提醒此事。

我清楚他們的真心絕對是真。

只是人在尚未心甘情願將自己刨根問底的摸清，那麼所有真心真情，底下都藏有慣性模式。這沒有對跟錯，關鍵都是要「看見」。然而，我曉得自己沒有資格且無法強逼里昂看見。縱然他跟 Vicky 的親密關係可能是有毒的依附，但我認為，這依然會開展一個屬於他們的故事。

因不再提醒，我和里昂感情甜蜜、來到新的高度。

直到 Vicky 回來了。

／／／

對我說話時，里昂餐桌上的牛排還沒有吃完，他很重視我的心情。

「我和 Vicky 見面了。」他說。

「我還是很在乎跟重視她，我覺得我還是很愛她。」

「她是很特別的，妳也是很特別的。但她終究是我追求來的，妳比較像是自己喜歡我、自己靠近我的。所以我想妳跟她還是不太一樣。我對 Vicky 存在吸引力的愛，對妳沒有，我對妳就是無條件的愛，是理解、支持和同理，還有我想要妳跟我是彼此的鏡子。」

「我都很愛妳們，妳們都是如此特別。」他又補上這句。

我的腳跟心都是懸空。

里昂又回到去年剛認識的他。還是其實這一切都是我的幻覺，里昂從頭到尾都是那個他。帶我見父母、購置日用品、籌劃旅行等種種狀似「特殊」的行動，會不會都是他的隨心所欲，我卻當真了。

「如果你不想跟我去新疆，可以直講的，我就不去了。」知道新疆旅費需等到旅行結束後支付，少我一個雖會提高費用，但應是無傷大雅，於是提出了這樣的建議。

「我想跟妳去！」里昂緊張起來，從餐桌對面握著我的手。

「希，妳在我心裡也是特別的，但就……我對妳是無條件的愛，不是妳想要的那種，這不是我很早就告訴妳了嗎？」

「我想妳跟著我和家人去旅行，是一種陪伴，我們能在旅程中做對方的鏡子，彼此砥礪成長。」

那場晚餐，吃得很疲憊。

我站起身來，收拾包包，再無心思繼續聽里昂說這些無條件的愛還是有條件的愛。我只想趕緊離開他家，並在搭公車返家路上，傳了封訊息給他——**你總是想在跟我的這段關係做最真實的自己。我對你一直都是真實的，但你的真實卻是混亂的。**

「你說，你對我沒有吸引力的情慾之愛；你說，你對我只有大愛，卻跟我上床、帶我見你的父母、出新疆旅費等等，盡做些讓人困惑的事。試問你會對『大愛的女人』這樣嗎？或許你可以想想，倘若你對我想要大愛，行動上你要怎麼做？對其他女人又是怎麼做？」

指腹在手機螢幕上敲擊，我醒覺自己跟里昂那些情人一樣，因他匱乏而產生的溫柔跟善解人意，及披上慈悲外衣的拯救者情懷吸引，矛盾的是，里昂的狀態讓我感到同情跟憐憫，卻也讓我產生依賴。

我被他的溫柔綁架了。

里昂的理解與溫暖帶來的安全感讓我離不開。這是危險的。

「我打從靈魂深處知道這樣的情感關係是不對的，你現在的狀態不是對的人，甚至，你這個狀態也無法療癒你想要療癒的女人，你只會給她們痛苦，你就是一個混世魔王，包裝成慈悲的模樣。」

我送出按鍵。沿路哭著回家。

原來我的心，一點都不獨立。哪怕知道自己是特別的，卻不願意在這段關係中，真正下定決心離開，只因深怕沒有這個男人，世上再無人了解我。所以到頭來，我是真的覺得自己是特別的嗎？一個自認獨一無二的人，他會是這樣的做事方式嗎？

原來我這麼匱乏。

我跟里昂是一樣的人。

這是我當晚對自己的震撼發現。

／／／

訊息發出隔天晚上，里昂找我去他家吃飯。

到這，已是去新疆前兩天的事。

踏進家裡，見里昂頭髮凌亂地坐在桌前，桌上筆記本攤開，上頭是密密麻麻的英文，是他寫下的情緒整理。里昂說過，他不太會用中文表達情緒，用英文書寫對他來說是流暢的。我們像往常一樣對坐。我靜待他的發言。

里昂的眼神格外悲傷。衝突僅過一天，他的眼角皺紋及嘴邊法令紋變得更明顯，令我越發覺得既然一段關係讓兩人這麼疲憊，此刻的我們早已不適合彼此，到底在這裡堅持什麼？

「我想跟妳溝通。」

里昂的話打斷我的腦內思索。

他說，看了我的簡訊，被「混世魔王」這個詞彙敲醒。

回想過去的情感經驗，里昂觀察自己確實會在無意識的狀態下傷害愛他的情人們，可是他卻說不出原因。

他認為自己很早就和女人們講明，只能給她們「無條件的愛」，無法給予她們情慾之愛。為何她們不懂？至於沒有愛上對方，卻跟她們上床，是他的內在小男孩讓他如此，「況且我又不是不愛她們，我對情人是無條件的愛呀！」他的表情無辜又沉重，像極受到指責的小男孩。

我直接且銳利的信，把他逼到極點。

里昂決定寫下筆記，了解自己是否有什麼盲點並未發覺。

他告訴我，他看見了。

里昂說，他的慣用模式，是打從心底無法對女人敞開心房，對自己、對生命是帶有控制的，卻用「無條件的大愛」做為防禦機制。

他想對那些內在受傷的女人，給予她們情緒價值的支持，和她們順其自然地發生性行為。即便他坦誠在先無法給予小愛，仍沮喪自己無意傷害他人，但總是讓別人受到傷害。因女人們就是會對這樣的他抱有期待。

「我怕我打開心房，我真的愛上妳怎麼辦？妳真的愛上了我怎麼辦？」

他在餐桌對面這麼跟我講。

儘管心裡想的是，愛上就愛上，想這麼多幹嘛？

但我沒有說，因為我實在累了。

不過當晚，里昂對我說，他想給自己一個挑戰。

「如果我能對V打開心房去愛，也能對妳打開心房去愛，那麼這樣我就可以對所有女人都是如此。這樣我對所有女人都能有小愛，也能給予她們無條件的愛。讓她們都能感受到安心且一視同仁，沒有分別心，沒有比較，因為我就是都敞開來愛她們。」

「妳們就再也不是我的情人，而是我的愛人。」他說。

新疆的旅行，是他的一個嘗試。

而為確保對談的真實性，里昂還允許我在餐桌錄音。

他想試試看，他能不能愛上我，以愛人的方式。

／／／

「看來是不行，對吧？」我苦笑。

現在換成我了，盯著在天空繞圈圈的鷹群，心想牠們在同個地方轉來轉去，簡直像極我跟里昂這場來來回回的，有條件無條件變成繞口令的凌亂之愛，搞得「愛」這個單詞都變得廉價。

新疆禾木村氣溫向來偏低，此時靠近傍晚，溫度驟降，穿著無袖上衣的我竟然不感到寒冷，彷彿提出分手是全身細胞和血液卯起來為我做的一場運動。

半年下來的相處，察覺里昂的觀念很難鬆動。

我早已明白，倘若如里昂所言，他從未對我有任何荷爾蒙上的吸引，那麼初見沒有，未來更不可能有。會答應里昂去新疆旅行，對我來說不是嘗試情感回溫（因為我從未降溫過），反倒是我想讓心底那份奄奄一息期待更加幻滅，讓自己能不帶後悔的離開。

答案也確實如我所料。

但我難免感到苦澀。

一個四十九歲的男人，性格底子已經穩固，在情感關係裡他本質是理智的，要有彈性跟信任是困難的。從原本試圖想引導，到中間一度自我放棄懶得改變，到現在覺得實在沒必要去改變，里昂發自內心快樂就好。

只是，我始終有選擇權。

包含我可以選擇帶有祝福的心和愛離開這段關係。

原本我想寫一本書，把我們相處的細節記錄下來；原本我也以為，這是一個好的結局。

卻沒想到，這個關係反覆變動。

從起初說對我只有大愛（現在知道是「害怕去愛」與「愛不起來」的大愛），到後面說對我「好像」有小愛，會開始在乎我的心，會想生出照顧我的感覺，會情難自控說出「妳是我的」這個看似小愛的話語。

緊接著，再看著我對他感情漸濃，又改口「我對妳無法有小愛」。

說實在的，我很混亂。

對這段關係，我有過謀略。

知道里昂的狀態，當他明擺告訴你「我不可能愛你」，哪怕這句話變來變去，但他適合一個對他回應作法相對節制的女人，包含創傷太深而畏懼去愛，但又渴望依賴的女人。當然，也包含一個打從心裡不隨他起舞的女人。

類似妃子對皇上，她們根本沒有愛，為貪戀溫柔、安全感、被支持、被陪伴以及對方能給予資源的感覺，在行動佯裝理智地說「我愛你」、「我想你」或「親愛的」，可以跟他上床，心裡對他是疏離的。

曾有朋友判斷，里昂必會吸引年輕女人，尤其是二十幾歲的女孩，因那個年紀的女人還是會演戲。雖不知道是否是絕對，但里昂目前身邊的女人都是二十幾歲的。

女人累世下來有一個本能。

我們的真心與情緒穩定，可以用演的。

我是很好的演員。

不光是我，每個女人都有在關係裡演戲的能力，以一種「假裝給對方自由」的坦然，實則在心裡對他保持距離，訊息短短的回，反正當一條線牽著，直到找到下一個男人。

說一說我想你我愛你，在對方跟前可愛單純，對女人來說是輕而易舉，電影《芭比》都拍出來看了。女人聰明到無法想像。這也是我愛女人也恨女人的原因。因我是女人。

但後者「不隨他起舞」，我現階段做不到，很遺憾我還真沒有大愛。

可是，我不想如此對他，我不想對他演戲，也就是前者。

我厭倦了，這是曾經的我。

不演戲，不是為了照顧他的感受，是我再不想做愧對我靈魂的事，我沒有什麼利害關係在他身上，我不想再表演，只因我想真正為我的情緒、需求及人生負責，我不需要貪戀里昂的溫柔、被支持的安全感，甚至是學歷經歷、或資源人脈而背棄自己。

到了新疆後，我還是我，持續在旅程裡全然投入地和他相處。但我想，可能是見到我熱情甜蜜地愛他，還是讓他感到壓力了。

其實，我發現這本書已經跟他無關。

或許人類的情感就是變動的，故事情節都是反反覆覆，但現在的狀況就是：**我就是身在一個混亂的關係，眼前是一個不愛我的男人，哪怕對方口口聲聲說對我是「無條件的愛」，但我必須正視，他真的不愛我。**

禾木村分手隔日，我在早餐時如實告知里昂父母，我和里昂分手，他說他無法愛我，只能給我無條件的愛，不是愛人的愛。

里昂父親看都不看我一眼。

事後里昂向我說，爸爸沒有臉看妳。

和里昂、里昂爸媽繼續搭車前往下個景點。車上，我在心裡和禾木村告別，都說是神的自留地，那兒住滿神明，想是神明早已看不慣我跟里昂的感情，決定讓我們在這個地方，誠實地面對自己。

我開始回顧旅程至今發生的一切。

早在台灣機場時，我和里昂就講好，到新疆每天都要抽一張禪卡，在旅程觀察環境和感受人文，以此去對應牌卡，是一個練習聯想力的遊戲。然而旅程才三天，里昂一次都沒有做到。及，我們再無深度對話。

每次分享事情，包含我對新疆大自然的觀察，及對日常的好奇與發現，他再沒有回應，沒興趣似的；他也不跟我主動分享事情，不再像過往一樣積極提問，對我失去好奇心和親密感。

所有「精神相契」，只發生在感情最初，像一般男女情緣一樣。即便看見這些，我還是選擇沉默。我不想逼迫里昂跟我玩遊戲或深度對話。我想讓他好好放鬆。只是不知為何，他還是感覺到壓力。

此外我又想到，里昂雖三不五時都說「無法對我產生親密感」，可是又會提到，除非我主動，不然他不會離開我，以及所有女人，「我不能主動對她們說分手，這是阻礙她們的個體性，我要尊重她們想要愛我的權利。」

人類都在自己造的幻境裡演戲。渴望自由的，內心卻畏懼分享；渴望大愛無私的，內心充滿對自己及世界的限制。

我是渴望活出自我的。

可是我卻和某些女人一樣，貪戀里昂的支持與溫柔，但這份支持與溫柔不過是他慣性的討好與拯救，是他從別人身上獲取自我價值的無意識行為，且意識早已深根，甚至，其實他不需要被拔除了。

里昂會有他的人生，依然是快樂的。

但和他不同世界的我，要如何呢？

坐在車上，我閉眼冥想，先在心裡確認：

「這段感情我是否無愧自己？」

答案是「對」。

我全心全意去愛，卻沒有一股腦兒把情緒丟在對方身上要他負責。至於里昂想怎麼腦補，已經與我無關。我確定我對他是帶有節制在表達，這和過去的我是不一樣的。

我有做到理性溝通。

我自然地感受我所感受的悲喜。包含感受到我對他仍有期待，再看他在旅程對他關心的情人傳訊息，一次次打破這個期待，這個來回的自我和解已經長達半年，再寫文章就是鬼打牆沒必要，也不有趣了。

我徹底體驗這個雲霄飛車的關係。

自始至終，我都有打開心房，盡力付出，方能品嚐這份親密關係的起落。

這終歸不是我和里昂的親密關係，或許曾經是，但它此刻已經消失，無法勉強。這是我和我自己的親密關係。

我的心，從未關起來過。

這是我驕傲的。

///

睜開眼睛，車窗外溫暖的陽光照得額頭發燙。頃刻間，我聽到心裡的聲音，這個聲音大到猶如嗩吶嗚響，蓋過車子音響的音樂。

「我從來就不需要他。」我不由自主地衝口而出。

我是獨特且完整的。

這個獨特且完整的高瑞希，她想要走進親密關係的對象，是對方也能對她敞開心，並視她為獨特連結。他們能時時刻刻都有連結，不會僅存在相識最初。而這，或許還真需要有「吸引力」做發展基底，不然就像里昂說的，他和我心靈相通（我已經懷疑中），但就是沒有性吸引力（卻發生關係）。

總之，我看見我是不被里昂愛的。

我沒有吸引到他。

他應該去跟他的前女友Vicky做「當彼此最真實的鏡子」的練習，而不是跟我。

這是沒有問題的。他沒錯，我也沒錯。

本想即時離開新疆，因擔心無法承受接下來的旅程，里昂會繼續傳訊息給那個讓他有連結跟吸引力的Vicky，我知道這會發生，我要如何面對這個跟我價值不同的男人，一個變化且混亂的情境，還有他的爸媽。

但逃離，不是一個解法。

面對混亂，我想用體驗的心，接受這份混亂，對它說「是」，投入感受這個混亂的男人、混亂的自己，然後，用遊戲人間的心做出行動。

這是高瑞希的實驗。

想到這裡，忽然無法自控。

我決定不再掩飾，在車上嚎啕大哭，哇哇大聲哭喊，哭到里昂的父母，包含載我們的司機，都聽見我的哭泣。

車上正好播放泰勒絲（Taylor Swift）的情歌，放肆讓眼淚直流。

這個眼淚是無比清醒的，甚至，帶有一份遊戲性的故意，像天降大雨，不再掩飾自己的悲傷，我不是神，我不可能不難過，我接受此時此刻我冒出來的情緒，而在接下來的旅程，我也會想哭就哭，想笑就笑，一切自然。

里昂跟他的父母，靜靜聽著哭聲。

接下來，我哭了又笑，笑了又哭。

笑了，是覺得這個遊戲好玩。這個釋放是無比自由，是一個我和自己在一起的感覺。

神奇的是，當我意識到我只是我，我還是在乎里昂，可是我也必須愛我自己時，我就明白我需要尊重他和我終究不同道路。

我活在這裡。

我環顧在新疆的處境。

除了我媽，我不需傳訊給誰訴說想念，我不需要抓住什麼，不需要去支持誰，哪怕是刻意找方法支持我自己，我都不用，我就是此刻是什麼，就是什麼。

無論里昂行為再怎麼讓我看不懂，我不能抱有期待是真的，我總是重演懷抱期待又被摔下的輪迴；但，面對所愛之人的價值觀和自己南轅北轍，其實放手讓他去飛，讓我跟他都自由，是唯一答案。

我就在這裡，哭得像嬰兒。

悼念這段感情的離去，卻有一種新生力量，在我心裡展開。

離開里昂，我還是有辦法對下一個男人心動。因我清楚在半年前，我可以這麼投入去愛阿龍。我並沒有失去信任別人與世界的能力，我還是可以為下一個人，甚至下下一個人，打開我的心。

那麼，我想享受這段旅行到完結，屬於我自己的旅行。

不抓過去，不想未來，哭笑由我。

第6課 練習看見真實的自己

和里昂提出分手後，我將第一篇文章寫出來，他僅修改了些他的部分，詮釋權則交給我。

文章發布，有人罵他是高段班的渣男，有人嘲笑我是愛上一個砲友，說我愛得多勉強，自己選的怪誰活該。似乎跟里昂的關係，常被說是愛上砲友。然而，經過和里昂在峇里島一起經歷網友批判的局面，已經習得哪些留言是投射，哪些是真實。

對我來說，和里昂這段關係，我是學到非常多，這是我的真實。

過去文章的洞見，皆為不虛，且完美停留在那時那刻。正因如此，我也看到洞見會變化，會相互矛盾，卻同時在心裡是融合。這也是我看待不同人變得包容的理由。

但，唯獨真理不會有衝突。

跟里昂這個不斷翻滅又生成的關係，從中獲得的，一個確定的首要需求就是：阻擋我自由書寫的關係，就不是我要的關係。至於次要部分，含情緒價值或底層安全感，在和里昂分手，這兩項到底哪些是我的缺愛匱乏，哪些是我靈魂的需要，也看得明晰了。

若這人與我，再無精神世界交流，我是不要的。

將讀者留言傳給里昂，是在拉車的時候，見身旁的他在手機寫滿英文筆記，是自我反思的書寫，眉頭緊鎖，陷入茫然的沉思。

分手第一天，我必須整理心情，收起對他的情愛。及，我也想釐清自己的內在。

和里昂說，今天的行程，我自己走。

新疆這塊土地是野性、擁有旺盛生命力。

走進魔鬼城，盤腿坐荒漠，嘴巴吃著沙，閉眼冥想，請黃沙釋放我的困惑，給予我安然及瀟灑，這是我始終學不會，但需要被賦予的兩股力量。

心裡默念完，忽一整片黃沙拍在背上，散在我的大腿邊，像一個野漢子式的安慰。

漢子不知道如何溫柔擁抱，索性野蠻地搭肩拍背，挾帶的呼呼風聲似呼喊著，兄弟，妳只是不被愛而已，幹嘛這麼渴望被愛？

況且，我並沒有不被愛，只是我愛的人不愛我而已。**我在和一個不愛我的男人，進行一場自愛的修煉**。這段關係，我看見自己重演阿龍的模式。

當初相遇，被里昂的溫柔儒雅、能支持人的安全感所吸引，再加其條件優秀，還是頂級那種，當和他建立關係，甚至被他欣賞，我是感受到肯定的。但因走過阿龍這個關卡，我打從最初就有觀察到這個慣性模式。所以，我才告訴里昂不需被他拯救。

我想，嘴巴說是一回事。

也許我還是在他眼前展露渴望被愛的脆弱，及，既然已經不需要被他拯救，那麼當他在最初說明「我對妳沒有小愛只有大愛」時，就應該要選擇離開，我看見拖住我離開腳步的，仍是里昂帶著慈愛的溫柔，可是一個人到底有沒有這個特質，需時間驗證，瞬間落下的情意，才是我需要徹底看見的。

我不給自己時間。

後來做了里昂的情人，不是沒有收穫。

更甚，收穫是極大的。

他和其他女人糾纏的過程，我一次又一次在內在煉金，看見我的嫉妒、比較、不安，再用一次次的書寫及沉思去轉化。

網友們嘲弄看笑話，或下指導棋意味的留言，我可以品嚐那個穿心刺痛，回溯這是勾起過去哪些記憶，加進來編織，變成一篇篇文章或限動，並在生出作品後，痛苦頃刻消散。創造是最大的轉化與療癒。

里昂對我的行動變化，我看見他的內在迷惘，深知一個人有這樣的狀態，存在真正的大愛終究困難，但同時，我知道這是里昂努力想抵達的方向，只是整個過程，我經歷沒有期待、升起期待、毀滅期待的三階段，來來回回半年。

我在動盪，他也動盪，我們才相遇。

幸好，半年前走過阿龍這關，觀察這次在「愛情」的情感收得迅速，那股不被愛的情緒很快就降低。

當走出魔鬼城，我竟覺得自己不愛里昂了。

傍晚車子到酒店，儘管母親和朋友們都說，不需要對里昂和他的父母討好，整趟旅程就當自己獨旅，不用理會他們。

可是，我還是自動地幫里昂爸媽提行李，陪他們檢查房間。在我心裡他們就是八十歲老人家，需被照顧，即便對陌生人我也是如此（可能檢查房間不會）況且這就是一個簡單的付出，我還是認為付出讓我快樂。不會因為我是一個不被愛的人，我就減少分享或給予。

對里昂，我還是需要照顧我的心。

只是這段關係，需要徹底斬斷嗎？這是我猶豫的。

深夜和里昂躺在床上，他的臉龐格外疲憊，語氣酸楚地說，我無意傷害任何人，我已經在事前說清楚了，「可是我還是傷害妳了！這讓我很沮喪，我也很受傷，我很難過。」他說。

里昂還是想要支持那些內在受過傷的女人，他向我坦白，起初和我在一起，是看到我一路走來都是孤軍奮戰，知道我內心是渴望愛的，他想要用他的方式支持我。

但他思索，會不會想支持一個女人，可是又不愛她（只有大愛，沒有小愛），就是一個禮拜見一次就好，不要和她上床，不要帶她見父母才是正解。或，假設他做到這些而讓女人們生出期待，最後期待幻滅而受傷，那麼也是他要承擔的事。

他沒有答案，他陷入很大的痛苦。

「我現在不知道該怎麼做最好。我真的無意傷害妳，但是它還是發生了，我感到抱歉與無奈。」

「過去的我是一種像小孩子般很順流的方式親近，不帶任何期待。現在的我不敢再跟妳有肉體上的靠近，我是否還能用溫柔的方式對待妳，我也還沒有答案。」

里昂最讓我心疼的，是他在說這些話時，他如此脆弱溫馴，不帶賭氣成分。

他是真心地，想要保護受傷的女人，由此可見，這個在讀者眼中「活出自我」的高瑞希，不過是一個受傷女人。

文章寫到這，還忽然鬆了一口氣呢。

我跟里昂，會不會都是黑洞？都在自己生成的幻象裡自洽了這麼久。

「在這段感情，我學到的，是我要知道你的本性，並不被你的行動變化所影響。」

我緩緩地說，「再怎麼混亂的情境，我都能在內在處變不驚，是這段關係裡讓我越來越清楚的事。」

我主動地，把我的手掌捧著里昂的臉。窗外的滿月照進窗戶，映在里昂水光盈盈的眼眶。

「謝謝你，你讓我知道我想要什麼感情。」我說。

「只是在想，能被你『擁有小愛』很幸福。我蠻羨慕V的，她有被你愛著、掛念著。」

「里昂，我希望你能遇到一個真正珍惜你的女人。我看見你和我一樣，都渴望被愛。只是你的行為是不容易被外人理解的，但我理解你。」

「而且，我很感恩你願意跟我共創，以這種形式。」我苦笑。

只是我能給里昂最多的，是以一個安穩的距離，看著他，而不介入。因我也要守護我的心，且關鍵是他並不愛我，而我仍然想要一個和我互相深愛的人。如果他並沒有愛我，並認為這是用小孩子的順流向我靠近，想跟我碰觸或親密行為，那麼我要怎麼做，就是我能決定的事。

以上這些話自然地從嘴巴說出來，卻是長達半年的觀察與感受的整理，我是思索再思索，確認再確認。

「我會是你的朋友，我一直都在。」我說。

里昂的眼神逐漸柔和。

他說，謝謝妳。

這也是我想對歷任前男友，想對阿龍，想對學姐，想對瑟西，或對那些聚了再散的人說的話。

我會一直支持他們的洞見和選擇，真心地祝福，除非他們離開或指責，我願意被拋下，而我也知道這不是被拋下，是每個人終將做出他們該有的行動，及，我們都是破碎的靈魂聚合，在更大的維度我們從未割裂彼此。

里昂和我就這麼沉默凝望，很久。

有一個更新的連結，在我們之間產生。

里昂掙扎地說，我現在不知道該怎麼做最好。

我說，沒關係。

昨晚，我們沒有性愛，沒有牽手，就是肩膀靠著肩膀入眠。

我睡得非常安穩。

第7課 練習對相信提高警覺

行車的旅途上，常有靈光一閃。

暈車體質的關係，我在車上無法做任何事，不能滑手機不能看書。這次新疆旅行的廂型車電視故障，被迫在搖搖晃晃裡平衡身體，邊祈禱司機開到第三個小時就能讓我們在休息站停下。

可惜新疆司機小範是個一鼓作氣的熱血漢子，秉持能直奔目的地就能讓我們提早玩的想法，不願多停幾個休息站。

儘管我想的是，小範話說這麼好聽，不過是讓自己提早到景點提早睡覺，人們表面說著為別人好，到頭也是為自己好，不好意思承認。

我依然佩服小範對目標的執著，寧可讓自己憋尿憋著痛苦。

一次他和我分享，自己會為開長程車又不想休息，又不想喝王老吉（中國涼茶品牌）怕想尿尿，乾脆成了不吃不喝苦行僧，長達六小時不進食不喝水，語氣驕傲的呢，「我很能虐待自己。」他說。

後來虐待久了，發現身體習慣了，小範將全副精力放在對目的地的開車精神，也就更加根深柢固。

／／／

我們總喜歡綁著一個概念在生命裡，自認這是讓我們快樂跟有意義，甚至講更浮誇點，帶有天命或使命。

就講我吧。

曾有老師（後來含幾個通靈者）告訴我，瑞希的天命是「引導人類活出自我」，或是看見自己，超越自己，諸如此類什麼的。

此後，我抱著這個信念活著，認為這就是我的相信。

畢竟這個概念也是我喜歡的，引導人類聽起來多有理想啊？

現在知道人們是搞不懂自己精神狀態有多潰散，才會三不五十把理想喊成口號，不想一個人會活成精神標誌從來就無法被表演，像在影片標註「表示同理」的字幕，有沒有真心同理，無法演的。

雖然我覺得演技高超的人，還是能演出一種同理，但這也源自他早已相信自己是這個角色，信到連自己都感動，真心地也不認為自己有在演什麼，反而比真的更逼真，更能騙人。

坦白說，我到現在都在懷疑，我根本就是這樣的人，同時感恩常常懷疑自己就是這種自我陶醉的人，更能辨識這類型的人。

這沒有不好。

一個人帶著自創信念而活，能讓生命更加繽紛，也會發展一套極其特殊的性格，這東西頗有文學性，甚至，還會為他的生命帶來拓展。

一個自認有理想的人（但其實只是自尊），還是能成為優秀的領導者，但自尊過度發展卻未被他看見，那麼他的理想（依然是自尊），仍然會為他創造毀滅。

用宏觀視角看，這不也很精彩嗎？

帶著活出自我的信念，無論遇到人、遇到任何事，或要做某些行動，我都會往「如果是一個活出自我、心靈誠實且自由」的人，他會怎麼面對這件事。

像是和里昂這段關係，我曾反覆說服自己，要透過他鍛鍊內在，我要感受被千刀萬剮的自虐，直到能對他做到「自愛裡頭懷有大愛」的自由想法，我可以全然愛著他，也能夠接受我自己，那麼我就自愛了。

豈知，這給我造成莫大痛苦，總覺得這是沒有盡頭的。對他，我曾抱著要用「靈性成長」看待這段感情，未想這是一種自造幻象。

常在夜深人靜時請內在指引我，關於和里昂的親密關係，要如何自我超越，做到能擁有自愛的快樂，也能愛著那個「堅持要愛女人們」的他。

我不想改變里昂的信念。

他說，這是他一生無法鬆脫的感情價值，他極度討厭人家改變他，每次講到都會有一點激動。其實在我們相遇最初，他就已經反覆說明，他的天命是支持女人們看見她們的內在小女孩。

一次約會去中台禪寺，我見里昂跪在地藏王菩薩的雕像前，磕好幾次頭，每次叩首，額頭抵地都停留好久，雙目緊閉，神情堅決，起身表情誠懇又傷感。

「我告訴祂，我會依循祂的步伐，去支持那些需要幫助的女人們，我會接住她們，讓她們相信自己是被愛的。」

他的天命，是愛所有他想愛的女人。

眨著澄澈的大眼睛，我曉得里昂說的是真的，但心裡更多的是複雜。想起之前遇見一個巫女說自己的天命是編織和平，我認得出這樣一種救世人間的真摯表情。

但，這會不會也是我？

會不會連天命都是假的？

／／／

小範的車靠近下一個景點可可托海，我放空地看著車窗外的牛羊。

牠們還真悠閒，應該沒有一頭牛羊是抱著「我的天命就是要被人類殺來吃」

或「我就是要吃西邊草原上那塊甘草而生」吧？那牠們被造出來的用意是？

這時一個答案，硬生生敲擊在心臟。

牛在那裡吃草，馬在那裡奔跑，牠們並沒有什麼價值非要堅持不可。牛馬飛鳥萬物生，牠們就是站在那，不用刻意去哪，牠們的任務就是「存在」而已。存在，就是完成。

上個月專訪楊雅喆導演，他向我提到，當人們瘋狂追逐性、情人、身材，甚至是一個概念，那些終究是外部世界的東西，它終究是幻象，照出你的心裡匱乏。

連你相信的天命，都是假的。

事實上，當抱著「我要追求自我、心靈自由」的概念活著，已證明我根本覺得我沒有價值。人類需要相信才會追求，但人類會追求什麼、想相信什麼，是因他們都想試圖從這些相信，證明自己來過。

但真相是，當我們被造出來時，我們就已經來了。

一個人要去找概念相信，或篤信自身概念是真理或天命，沒有錯，可是本質就是我們不相信「我站在這裡，就是我」，有相信才會去追求，去追求，不過是證明自己存在。

這個證明，不見得是要跟他人證明，是想要給自己的靈魂知道——我來到這個世界是有使命的。

其實，你沒有。

你的存在，在本源裡是沒有意義。起碼在宇宙的寬廣的凝視，你是微塵，微塵沒有特定意義。當微塵被造出來，對神來說，他就再不屬於神。

但另一方面，你又會因為你用幻象造出來的使命，讓自身存在變得有意義，發展出極具創造性的精彩人生。故而，我很愛這個如太極黑白融合的質地。無限符號那樣，你是零，也是兆。

當母親（宇宙）把我們生出來，祂已經任務完成。祂創造我們，就只是帶有距離的，觀看著，愛著我們。這是祂最寬容的愛。

你想怎麼發展，用怎樣動機發展，起心動念是完整還是匱乏，你都會有一個屬於你的，繽紛的創作。

後來下車，走在可可托海的石林間，我和里昂分享這個洞見。

我決定鬆綁長年追求心靈自由和靈性成長的信念，而他也向我苦笑，「謝謝妳，我也該檢視自己長年相信的信條，到底來源哪裡。」

順著流走，不再強硬地套上相信生活，而是我此刻在哪，就是全然地，在這裡。

你可以讓相信帶著走。

但同時，對你的相信，提高警覺。

第8課 練習坦承

搭車前往機場準備回台灣，車程兩小時，跟里昂還在吵架，我想他的父母都能聽見我們來回激辯卻又不敢明目張膽的窸窣，明明是悄悄話卻鏗鏘有力，又滿滿攻擊性。

對這段感情，我們都在指責對方。

對外，里昂是彬彬有禮、溫柔可親的紳士。然而，我想每個人在親密關係走到中段都會換張臉孔，尤其當滿腦子只想如何用當初對對方說的心事和自我剖析來傷害彼此，幾度後悔那時為何要對對方講這麼多，曾經掏心掏肺都變成準備擊斃對方的子彈。

里昂跟我一樣，我們是固執的，在捍衛自身觀點時也是好戰的。

吵架時，真的覺得他非常醜陋（我想他也是這麼看我），他說，整段感情都是我要負最大責任。他早已說明，對我並無小愛，只有大愛。

之所以對我做出過去情人所沒有的付出，包含為我付錢，經常邀請我出遊，在他家裡空了放置我日用品的位置，帶我見父母等等，全是當初我很熱情，他不敢拒絕我所以選擇討好。

所有男朋友會做的行為，原來是憐憫的給予。

我聽了覺得受辱，回答好啊，那我就把這些如實寫出來在書裡，卻清楚這也不過是一種報復情緒，人在氣到極點，什麼自我覺察都放到一邊，也認為並不重要。

反正我也不是自我覺察或身心靈當家的。

／／／

和他抱著結冰狀態到機場，雙方都不說話。我逕自刷機票過海關走到候機室坐好，而里昂則緩緩地走到我旁邊坐下。

我打開筆記型電腦，準備要寫他的惡行惡狀，寫他在爭執時噴出來的那些殘忍的話。

甚至，我還故意把 word 字體放大讓他可以偷瞄，準備攻擊還要提醒對方，刻意佯裝老年近視的行動，不過是帶著孩童般的幼稚心態。

然而，在把第二本書的書稿資料夾打開，見我們在相愛時寫的文章，還有他對我說的那些鼓勵——「我甘願被妳利用」、「我們的親密關係是旁人無法理解的」、「謝謝妳願意接受這樣的我」、「我只會越來越愛妳」……

我陷入無語，眼睛死死瞪著被我文字記錄下來的，那些我們的故事。那些讀起來都有聲音，還是雀躍、溫和與理解的節奏。

里昂說的不完全是真話。

我們對對方的付出、那些甜蜜話語皆是真實不虛，根本不是全然討好，他有對我動情，他是有在乎我的，如他曾反覆訴說。

我們是怎麼走到這裡？

我這麼做，因自尊遭貶低的受害者報復行為，是我的靈魂要的嗎？

想這些時，我已經在安靜狀態，周邊空氣都被抽光，聽見我胸腔中五臟六腑的騷動靜止下來。

我終於正視自己的感覺。

我根本寫不出里昂不好的地方，他和我一樣有盲點，有軟弱，有恐懼，有急於維護自身信念的執著。和他相比，我的狀態不相上下也許遠超於他。

我指責他，等同鞭打自己。

但同時，里昂的誠懇真心，樂於為我付出，親吻擁抱的親密感也是真的。無論我再怎麼寫他，哪怕是主觀認為的再溫和再中性去分析他的行為心理，當他連自己都還在整合狀態，怎麼可能比他了解他自己？那麼我的書寫會不會是一種霸凌？他再怎麼樣都有感受的。

這時，我想起自己寫過一篇文章，提到每個靈魂來到地球都有一個主題要我們探索。而祂會創造不同情境，讓我們思考這個主題的精微性。

有些人的主題是探索「懷疑」，怎樣的成長背景會形成一個人的懷疑型人格？老是懷疑別人就是不善良嗎？因懷疑設置邊界會不會有可能被形成一種善，或能給予自己和他人一些發展的彈性？你這麼愛懷疑是為證明什麼？你在害怕什麼？你想得到什麼？

靈魂要我看的，真真切切看的，都是我到底對對方做了什麼？我又對我自己做了什麼？深刻地，扎實且疼痛的去明白，不是那邊愛自己相信自己的耍嘴皮，畢竟誰不會？

用文筆摸索自己十年了，我早已知道自己的靈魂主題一直是「自愛」，就是愛自己。

我的情境反覆示現給我一個問題：到底什麼樣是愛自己。

我要觀察的根本就不是里昂對我做了什麼，是我做了什麼導致關係走到現在這樣？我在這段關係又對自己做了什麼？是否有違背我內在真理？

更甚，我死死捍衛的內在真理，是不是根本就有制約跟慣性，讓我死不願鬆綁。

我浮現一個想法。

我放棄分析這個男人了。

放棄分析，是我根本不可能代替里昂了解他自己，連耶穌基督、佛陀、觀音都無法。我只能感受他、傾聽他，卻無法代他分析，尤其是當我用我自己的筆時。

而且，太累了。

分析別人的動機，太累了。

我將視線離開螢幕，轉頭對里昂。說了上面我的想法。

然後，我開始哭。

我發現我還是愛這個男人的，我珍惜我們擁有的點滴，我重視我的感受，但不代表我不在意他的感受。

我決定向里昂分析我自己。

包含旅程中，我曾因為他傳訊息給其他情人而氣餒，軟言暗示他活在當下，實則阻攔他的自由行動。只是確實，我的施壓和情勒給了他壓力和罪惡感。壓力和罪惡感，是親密關係的毒藥，它們會腐蝕你們一起搭建的堅固堡壘。

做這件事，是我還是想要自己是特別的。

可是里昂真的有對我這麼不特別？他花了很多時間在我身上，且不厭其煩跟我討論我們因內在動盪而生成的外部衝突。

除了旅程點滴，我向他分析自己為什麼要一直鼓勵他成長？為何不給他自我整合的時間？只因恐懼他死不反省，走上一條危險的道路，最後傷害到我。而這個行為也是沒必要的。我能做的就是放寬心讓他去嘗試。

說到最終，我發現，我的人生，活得太用力了。

我愛得太用力，拚事業太用力，我什麼都是全然投入，但忘了全然投入包含偶爾讓自己停下來。

我一直哭一直哭，哭聲在空間不大的候機室有了回音，也引人側目。我哭的早已不是這段關係，是徹悟一路走來這麼用力，是我真的渴望有人愛我，而在我哭泣的那刻，已明白我早就能接住自己。

一個自愛的人，他會很輕鬆的，他會很放鬆的，他只看此刻。

畢竟他這麼自愛，足夠信任自己內在，自然信任生命。當初在峇里島，我對事業早已鬆綁，但對親密關係卻是時緊時鬆，並不穩定。

「我受不了了，我只想交給更大的神性。分析別人太累了。我想活在現在就好了。這一切真他媽太疲累。」

說這些時不是自我放棄，是解脫了。

結果里昂聽完，他竟然態度整個轉變。

他也開始檢討自己。

／／／

他思索為什麼在親密關係遇到女生的期待或情緒他就會想逃跑？為什麼會因為這樣就稀釋掉愛？為什麼他過度追求自由？明明他對我也有感情。

後來，我和他在候機室抽了奧修禪卡，問里昂的人生主題。

抽到壓力。

他的靈魂來探索的是「壓力」。

是怎樣的心智狀態形成壓力？一個內在有壓力的人真有辦法敞開心房嗎？會不會因為完美主義怕犯錯？以上，里昂尚未有答案。

但是，他告訴我，接下來回台灣要閉關一個月，好好學習單獨，不找任何情人，就跟自己在一起，他要思索這個主題對他的用意。及他怎樣好好愛人。

我們重新抱在一起。向對方說好幾聲謝謝你。對不起。那個溫暖的，心與心連結感覺，又重新回來了。在我們終於都看向自己，放棄研究對方的那刻。

我們只要對自己坦承，同時支持對方的選擇就好。

第9課 練習自愛

無條件的愛，這個概念非常理想，實際卻很難完全達到。然而，這不代表無條件的愛不存在，是它在現實中通常複雜且有條件。

即使是我們所謂的「無條件的愛」，也有某種程度的界限和底線。

我是在這半年投入去愛里昂的過程，知道所有的愛都是有條件，因我愛一個人就是有條件，可是一旦抓到我的核心需求為何，我就能無條件的愛這個人。

我是要先無條件地，觀察與感受我的感受，擁抱我的感受，同時看見我能突破的制約，緊接做出適合我、讓我開心的決定。而當對方能在他不需要特別改變的狀態下，剛好能給我這些，我自是能接受他的。所以兩邊都不需要特別改變什麼。

這是我在里昂身上看到的事。

里昂經常告訴我，對每個他同時喜歡的女人們，他都無條件的愛，相處時皆真心以待。

每個女人他都覺得特別。

相處期間，他無數次的「我愛妳」，無論是為了回應我，也包含偶爾的主動為之，表意識是真實不欺，他認為這是無條件。輕易說我愛你，是因遵循他內在小男孩的表現，小孩就是這樣，輕易說愛，不代表不慎重，不代表話語虛偽，這是他想對女人們表現支持、親近與珍惜。

但是，前女友 Vicky，是情人裡他最喜歡的一個。

「就像妳跟她都是女兒，父母一定也會有比較喜歡的那個，但不代表他就不喜歡另一個。」

他表情誠摯，水汪汪大眼睛堅定凝視，眼神急切，怕我受到傷害。可能是年紀大，常以為里昂眼泛淚光，問水汪汪的他是不是在哭，後來得知是中年男子的目油。

里昂深怕我誤解他的意思，怕我覺得他不是真心愛我。

關於這點，他實在是不用擔心，我真心知道他的真心的。

只是我心裡還有一個邪惡想法，他擔心自己已承諾我能放膽書寫，卻憂懼其意被我曲解，再被我的文筆曲解，接著「渣男」頭銜就已板上釘釘。以上是我的個人惡魔揣測，不代表他的真實立場。但雖然我揣測他，也同樣知道他嘴上的真心是他的真心（講了好多次真心到連真心看起來都不真了）

我不希望讀者簡化里昂是一個渣男。

哪怕這段感情曾為我帶來痛苦，但我知道我也要負很大責任。我已經不想再像過去那樣用受害者立場在想事情，這會讓我錯失看見事物的本質，我清楚里昂現階段的心智處境，已無法介入或引導任何。

我就是看。

甚至，我竟生出憐憫，並迅速觀察到這個情緒，通常有了理解而產生的同情，就會想拯救，但在有些情境，試圖旁敲側擊，對方只覺得你想改變、你在指責他，即便你並非如此。

我靜靜聆聽，不作為，是我對他最好的方法。

我問里昂，為什麼比較喜歡 Vicky？

里昂說，Vicky和他有過一對一伴侶關係，有心與心的連結。後期女方忙著獨立，無法滿足里昂的情感期待，沒時間和他出來約會。他無法承受期待反覆落空的失落，無法承擔並消融這份壓力，最後提出分手。甚至，他中間哭著和女方說，他想要愛很多女人。

和Vicky分手後，具備承諾及責任的親密關係消失，距離拉開，沒有期待，里昂頓覺輕鬆無比，那份「無條件的愛」又回來了。

幾個月後的近日，Vicky和他重新聯絡，里昂又覺得自己的內在小男孩被激活。

見面後，里昂認為自己對Vicky還是深深愛著，並認為Vicky也愛著他。他們現在還是會互傳「親愛的」訊息，他的角度是，這是以不言說的方式延續連結。

回到我這邊，當初他感受到我的期待，讓他產生壓力，於是突然不愛我了。

在我提出分手，離開和我的親密關係，里昂卻反而認為是我不抱期待了，他所認為的「無條件的愛」與深刻連結又回來了。並認為奧修的書提到的言論不假，唯獨關係才會終止，連結不會消失。

於是他更篤定，這個「無條件的愛」的信念。

他要遵循他的「內在小男孩」（這是引用他的講法），去和每個他覺得漂亮的、性感的、優秀的、讓他感到好奇的女人們建立親密連結，支持她們的內在小孩，以「無條件的愛」去包容她們，以及「隨順因緣地」發生性行為。

他會告訴她們，我是愛妳的、無條件愛妳，強調這份無條件的愛是一種理解、傾聽和支持的連結，不是她們渴望的那種感情上的愛。

他還是會持續給予情緒照顧理解和支持，但金錢人脈並不會。至於對V，他願意給予她自己的資源人脈，協助她創造事業。

如果其他女人動真情，對他說「我愛你」，他還是會告訴她們，我也愛妳。那些女人愛上他，他不會劃開界線，提出分手的不可能會是他。

「我想尊重她們的個體性，我如果劃開界線，就是阻礙了她們選擇愛我的決定。」

里昂義正詞嚴，假使他明明都對對方說不愛了，他都說了自己只能給無條件的愛，對方還是貼上來愛，那是對方的責任，他不應該負責。他早在一開始就把界線劃好，他不可能用情慾的愛去愛女人，他就是「無條件的愛」她們，這已是他的界線。

和女人們發生性行為，是里昂認為奧修的書寫已經提到，人不應該克制自己的慾望，有慾望就是要讓它流動、不要壓制它。他就是要遵循他的「內在小男孩」，這是他的「內在小男孩」喜歡碰觸性感漂亮可愛、聰明有趣的女孩。

可是，這不代表他是利用她們。

他還是有看到她們的敏感纖細，脆弱無助，雖然無法給愛，但他願意無條件愛她們。他說，這是他身為照顧者的本質，像當初見到我，覺得我沿路走來感情事業都在孤軍奮戰，他疼惜我，想支持我，都是真的。他絕對不是對任何女人使話術的。

關於里昂，我想寫到這裡。

我知道他說的話跟想法，在他心裡百分百都是真話，也知道這些真話覆蓋多少的傷，掩埋成一座長達四十九年無法鬆動的自我價值；但同時我又知道在寫出這些行為背後的詮釋時，在里昂的立場不見得是事實，而可能也真的不是。

只有一件事是真的。

里昂和我一樣，渴望有人能愛、理解並接住，才會延伸這一系列的，發自他肺腑內心的言行，牢牢鎖了他四十九年。

遇上一個能無條件接受他、仍死心塌地愛他的女人，他會認為這是成熟理性的女人，其實我不知道他有沒有看到，這就是他的「有條件」。

他堅信 Vicky 會這麼愛他的。

他不會為任何女人妥協，說這是他的自由。

「人不自由毋寧死。」

我都記得他對著我，對著他的父母這麼喊著，情緒激昂像個革命烈士。

///

無條件的愛，常見父母對孩子的愛，這種愛不依賴孩子的行為或表現，是基於深厚的情感連結，有時間和心力養育的積累。

但，即使在這種情況，父母也會設立界限和期望，並希望孩子能健康成長。

浪漫關係中，無條件的愛意味著接納對方的優點和缺點，不試圖改變他們，並在他們面臨困難時支持他們。然而，這不意味漠視自身需求和價值觀。健康的關係需要雙方互相尊重和支持，不是單方面的付出和犧牲。因此，世界上可能很難找到完全沒有任何條件的愛。

大多數情況，即使是無條件的愛，也有某種內在期待，例如希望對方幸福、希望關係和諧等。重要的是要認識到，無條件的愛並不是沒有邊界或自我犧牲，而是關注對方幸福，同時也尊重自己的需求和感受。

關鍵在於找到一個平衡點：如何愛對方，同時也愛自己。

如果一段關係要求你完全放棄自己的需求，那麼這種關係可能不健康，也不符合真正的無條件的愛的精神。

現在唯一確認的，是當我是站著，就不需要其他人來接住。及當我無條件接受自己，我就不用要對方非得配合我不可。我可以鬆也可以緊。

我也看見這段感情對我的深刻意義，靈魂要我走的，就是這個過程。

世界上有那麼多人，只看自己受害（當然也是要看的），卻疏忽對方身上其他品質造就他的作為與行動。像里昂會如此，是他童年養成的討好型人格，他已慣性討好家人，慣性討好女人。像他曾醉酒大哭，要全世界不要拋棄他。

那都是真的。

這反而讓我，對人們有更多的愛，以及理解人們的選擇。

自愛，你會懂人的。

你也必須先自愛。

第10課 練習放自己自由

回顧這趟新疆旅程，見里昂跟前女友 Vicky 傳訊談情說愛，又傳訊給在馬來西亞認識的富二代情人爭執。從原本生悶氣、感到不被尊重的難受，緊接一如往常向里昂表達想法，這是和他剛交往時定下的約定，我們要成為對方鏡子，向彼此展現情緒的悲憤喜樂，任何感受，都不能憋著。可是到後面，換湯不換藥的事件反覆襲來，情緒張力拉到極點，終成繃太緊的橡皮筋瞬間彈裂。

確實，人的情緒會伴隨相同事件發生而被逐步轉化，哪怕是難過，可能從難過一週進步到難過一天，再從難過一天進步到終於無感，這份內在力量會不斷增強，強到你再分不清楚這是麻木還是放自己一馬。

你可以說服自己這是靈性鍛鍊。

不過鍛鍊歸鍛鍊，若兩人最根本的情感價值就不同，有必要讓自己陷入情緒反覆的情境嗎？

及，一段健康的親密關係，在每個人需求各異的情形底下，該怎麼在關係裡穿梭自如？根本心態是什麼？其實在和里昂交往，到向他提出分手，我的答案瞭然於心。

和里昂談感情的這段時間，我著實明白一件事：你不需要別人為你的情緒負責。

還有，不要對任何關係抱有期待。

兩個洞見，絕無勉強，不是悲憤，是暢快愉悅，且在明白的那刻，我就做到了。

前期和里昂的情人們歷經比較、嫉妒、覺得自己不特別的內在鬥爭後，我現在已經曉得自身存在就是獨特且不可取代。

然而，在里昂向我表明，他比較愛 Vicky 而不愛我，即便補充對我是一種「無條件的愛」，說實話，我無法接受。

講些驚世駭俗的吧。

我能接受的，是里昂愛我，也愛Vicky，也愛其他情人，我們都是平等的。倘若他是用這樣的「無條件的愛」在愛著我們，對每個情人都同時敞開心房交流，那麼我是願意做他情人的。假設所有情人裡，里昂對我的情感最特殊，這對我就是加分選項。

從這邊，我看到自己不想在親密關係裡被排在次等，尤其在我明白我是如此特殊，我就更不想要。當我珍惜我自己，我會珍惜我的伴侶，那麼和我成為鏡像關係的伴侶，他必須如此待我。

斷然離開這段關係，我卻也見到我的問題。

就是期待。

／／／

當初，因里昂帶我見父母，幫我出旅遊費用，並提到上述兩件事他從未對任何情人做過，於是這讓我有了期待。

哪怕我知道自己是特別的，無須里昂或任何人為我證明。但里昂的行為確實讓我的心裡產生浮動，再度把「我是特別的」這個概念，從我的身上逐漸剝離，悄悄地附著在這段親密關係。

親密關係，仍然要有一定的警覺性。

一旦你擁有「對方待你是特別」的想法，你很難不有期待。這份期待有沒有落空不是重點所在，而是你會為這份期待起起伏伏，產生很多內耗情緒。擁有男女朋友、夫妻、親屬名分更是如此，承諾會生期待，期待常是自我內耗的開始。

實際上，承諾與期待可以分開。承諾是建立在對未來的某種保證，期待則是我們對這些保證的內在反應。人類的本能會讓我們對承諾產生希望，進而形成期待。只是承諾雖美，但你也需要對對方的承諾保持彈性的心，畢竟很多事情都會改變。

倘若這股因期待生出的內耗，能像我這樣協助創作、對我事業有幫助，我的確從未因這些內耗情緒而間斷寫作，那當然是好。

但多數人並非如此。

有些人內耗到不只事業出問題，連健康都撐不住。

那麼，你就要思考這個情境之於你是否平衡？你有那個內在力量能去整合嗎？至於你的答案是「能」還是「不能」，都不代表你就是一個不自愛的人。自愛，包含認清你的限制，並做出讓你舒服的選擇。

儘管電影《腦筋急轉彎》（Inside Out）提到，人要擁抱所有情緒，這部分我完全同意且非常能做到，但現在我太明白靈魂如果要持續拓展，甚至在創作道路上不斷向前，有些情境你會知道你不必走進去，而有些情緒的觸發點已經顯得多餘。

比方和里昂的關係，倘若以情人狀態繼續交往，他的性格跟我的性格會觸發的衝突情境大約已經固定，他再沒有辦法對我的書寫有任何幫助，寫來寫去鬼打牆的衝突，連我自己都看得很煩。

但我也清楚知道，在一段感情裡，無論對方外在行為怎麼變動，或者未來遇到怎樣不可控的關係，我的特別之處，要牢牢地掌握在我手裡。

我徹底放掉期待了。

一個在關係和事業放掉期待的人，他會怎麼樣？

他會順著他的感覺及需求走，不再理睬別人會怎麼詮釋他的選擇，包含他是不是愛上一個不愛他的人，或正在走一條摔得粉身碎骨的道路。他就是朝著他的心之所向野蠻狂奔，更甚，不再計算何時抵達目標。

因他早就沒有期待。

那麼，他就只剩下享受過程，痛苦的過程、平靜的過程、愉悅的過程，驚悚又莫名其妙的經驗，他都能投入地享受它，直到他覺得整個經驗累積地差不多了，可以走了。

／／／

在鼓勵里昂回台灣應該勇敢追求 Vicky，哪怕對他餘情未了，在新疆的後面幾天，即便再渴望肌膚之親，我們卻沒有上床。

里昂還是會傳訊給 Vicky。

我還喜歡他，卻一點嫉妒或比較的心態都沒有。

故而，我看見當你不再抱有期待，你可以輕鬆地去愛一個人。只是一方面我還是清楚在親密關係裡，里昂跟我，我們想要的情感關係的深度及品質，自始至終，是兩個世界。

除了放掉期待，還有「表達感受」這件事，請你自己處理好。

表達感受不是不行，但所有感受的表達，並不是不滿對方沒有為你做什麼，因你知道對方本質就是跟你不一樣，你明明不想改變他，又老為了「他本性做出來的事」生氣，那你就知道該調整的一直是你，而不是怪對方沒有覺醒，或是對方不為你想。

對方假設真的沒有覺醒，又或真不想為你想，我能怎麼愛一個人？

我的答案是——打從心裡，放自己自由。

這不是意味著分手。

很多人以為分手是自由，但是心靈不自由，你下一段還是不自由。

和里昂分手後不久，身旁朋友剛好也遭遇情感瓶頸。

他問，假設跟伴侶性格差異太大，如果不抱期待又無法縱情表達對伴侶言行的感受，那麼伴侶存在的意義到底是什麼？

我告訴他，倘若你知道你們是相愛的、對彼此心意仍是敞開，雙方都把彼此放在特別且重要的位置。

「那麼你跟伴侶要做的，就是『在』就好。」

里昂心裡最愛 Vicky，並沒有真心愛我，這是我離開這段關係的根本原因。

排除這點，假如我是 Vicky 的角色，我確實會對里昂不再抱有期待，他愛怎麼遊戲人間就去，我愛怎麼書寫也是我的事。

實際上現在寫到這，里昂已不打算承認他就是里昂的角色，可是於我而言無妨，即便看到的是假象，獲得的洞見卻是真實，這終歸是我跟自己的親密關係。只是我也清楚，自己再不會為根本性問題與他重複溝通，因這是我選的，我就要承擔。

伴侶的存在就是陪伴，就是「在」。

你們不用為對方情緒負責，不用為對方改變。

甚至，你能坦白告訴他：「我不會為你的情緒做什麼，我還是會做我想做的事，可是這不代表我不愛你或離你而去。」

對方再怎樣變化，你已八方不動。那麼你鬆綁，對方也鬆綁了。更甚，對方在心智混亂時，你已經能做到陪著他，同時不把自身情緒投進去，也能理性評估自己身邊擁有資源能給出多少，你會來到一個輕鬆的境地。

走到放開期待、需求變少，的確是漫長的情感磨練。這不只是里昂，還包含前面的阿龍。

愛情是一個人逐漸了解自己，同時了解他人和自身原則的不同之處，從最初練習自我整合，包含正視自己的嫉妒、不安、比較、未知的恐慌，也涵蓋面對伴侶的迴避行徑及各種難以且不可能被你完整分析的情緒，你已能面對且消融這些。

再到一路攀向最極限，張力最終崩解，你會得到一種自我超脫。

此時，你只剩一個狀態：我就是照著我的本性愛就好了。

及，如果對方對我的快樂，甚至對我靈魂最高的需求（寫作拓展）再無任何幫助，而當你發現你因為這樣就不愛對方，那不過是更加明白，你到底人生最愛的是什麼。

我可能，還真不是愛情。

而我可能，還真的是一個自私的女人。但奇蹟地是，我竟不感愧疚。

因無論外界怎麼想，我知道，我再不會丟棄自己。

第11課 找到最終的靈魂伴侶

分手後，很多想法才逐漸發酵。朋友問我，為什麼能用半年時間離開這個男人？

里昂具備所有讓我喜愛的特質及條件，甚至不只我，他曾說，女人們但凡和他接觸，都會喜歡上他。現在回想覺得，一個男人擁有傲人社經背景，卻擁有與之反差的溫柔謙和、情緒價值給好給滿，若自我認知不夠堅定、又沒有見過世面的女性，很難不受其吸引，寫到這，也算對自己的自嘲了。

和里昂交往半年，一旦他回台灣，我們幾乎天天相處。客廳窩一起看劇，廚房一起做飯嬉鬧，每每用餐時不用手機的談心，里昂在那時那刻將全副心力放在我身上，我自會慣性忽略對方說出的觀點，及他的內在需求，跟我並不在同一條線上。

里昂早已提醒多次，帶著溫柔紳士且呵護小動物的無辜口氣，說自己需要無數情人，無法控制想與欣賞女性發生性行為，這是內在小男孩的指引，他需要滿足童年沒被照顧到的內在小孩。

我曾建議里昂可以找同樣信奉開放式關係的女人，較不易傷害那些希望能一對一關係的女人，他面有難色，說會阻礙內在小男孩的流動，且一個女人若能給予他專一且無條件的愛，仍是他所嚮往，這是他願意愛我的原因。哪怕我在他眼裡並沒有性吸引力，但他可以既不愛我，又能無條件愛我，只因我願意嘗試接受他。

「一個女人是開放式關係才接受我，跟一個女人明明就不是，卻願意接受我，後面這個女人才是無條件愛我。」

我卻沒有離開。

那時的我，對自己說，我很愛他。

直到在新疆第三天提分手，其實我還是有糾結，捨不得跟放不下。然而，一些日常顯露的端倪，卻令我逐漸懷疑自己嘴上說的愛並不純粹。

第一次有這份感覺，是在烏魯木齊。我拉肚子躺在飯店，里昂整晚細心溫柔地照顧，幫我偷帶飯店的茶葉蛋和吐司，在嘔吐時輕拍我的背，整理裝著嘔吐物的塑膠袋。病痛的暈眩及恍惚，讓我懷疑自己是不是做了錯誤決定？這個被他深深照顧的感覺，令我質疑自己回歸單身的選擇。

另次，天鵝湖畔牽手散步，里昂突然跟我說，他的其中一位情人，一個馬來西亞富家千金，向他提出分手，因女生想要一對一關係。

他給我看雙方互傳的簡訊，富家千金向他說謝謝，雖然兩人在越南的短暫邂逅有很多性愛冒險和智性交流，她終究要正視自身心意，想要一位待她獨一無二的專情男人。

里昂答應女方離開，卻回一段充滿暗示的話：「妳的大腦想離開，妳的內在不願意。」

馬來西亞的千金沒有回應。

「她沒有聆聽她的內心。」

里昂向我嘆氣，「她還是聽她的大腦，是她的理智要她不要選擇我，但她是愛我的。一個自愛的女人，她會聆聽內在的指引去愛人。」

他沮喪表示，若不是對方人在馬來西亞，如果現在她是台灣人，像我一樣，日日和他密集相處，那麼她不會做出離開的決定。

當下，幾個感覺在我心裡浮現。

我先回答里昂，會不會對那個情人來說，她此刻做的這個分開決定，是她愛她自己的方式？畢竟她愛得太痛苦與內耗。**「我想你必須要尊重別人愛自己的方式，而不是直接說她離開你就是憑大腦，而不是內在。」**我說。

里昂不認同我的說法。

我們又針對「無條件的愛」與「自愛」產生第N次爭論。

里昂說，一個自愛的女人，是對自己的存在有信心的。哪怕深愛的男人在外面有再多情人，甚至根本不愛她，但她也願意全然愛著對方。他還套用身心靈大師奧修的話：「內在的愛，不帶條件與理由。」

我啞口無言。

我被他說服了，又覺得哪裡不對勁。

／／／

爭論時，常會有一股抽離感。

我愛里昂不假。

可是這段感情，帶給我的精神內耗是大的。

我必須獨自且反覆地，和嫉妒心及不被愛的感受和解，講好聽是內在靈性鍛鍊，是靈感素材，我確實生出一篇又一篇的文章。可是里昂帶給我的精神滿足，僅在他「前半段出現時」存在，並非恆定狀態。

後半段新疆旅行，隨著他在我面前熱烈和前女友 Vicky 傳訊告白，又和馬來西亞情人談分手，絲毫不尊重我的感受，和我承諾好的「旅行要活在當下」一次沒兌現，我越發懷疑這段感情繼續的必要，且就此觀察自己並不是真心愛里昂，而是貪戀一種被理解與支持的感覺，但這份感覺隨時會因對方的情感流動而消失。

昔日說的承諾，能在下一秒就不復存在。

就是這些細節，我思索自己真如過去所想的深愛這個男人嗎？還有，當我一直把渴望被理解、渴望被視為特別等諸多渴望加諸在他身上，對他是否是一種不公平，我是否也將自己的某些靈魂沾黏到他身上。

假設今天沒有里昂這個男人，我又因尋覓一種「理解帶來的安全感」愛上下一位男人，並在他無法給予我時離開，那麼我愛的是誰？好像愛的是我自己，可是一個愛自己的女人，會不斷去找男人來補缺口嗎？我又是真的愛自己嗎？

沒釐清這些問題前，我知道里昂在面前晃來晃去，會是干擾。

我決定向里昂提出回台沉澱一個月，好好思考這段關係之於各自的意義，也許一個月後能聚在一起討論心得。他同意，並加碼提出，這一個月都不要見面。

和里昂沒見面的一個月，每天跟賈寶玉一樣，將書字擱過一邊，日日遊蕩。若賈寶玉是在大觀園和妹妹瞎玩，我就在自家門前馬路從街頭走到街尾，再從街尾走到街頭，沒換任何地方。連路上景點，都沒仔細看，任由相同景象走馬燈似的穿過眼簾又不被我記得。

現在回想，這個乍似靈肉分離的閒散行為，對自我釐清有很大幫助。

這是源自好友班森的一次無心建議。

和里昂說好不見面的前幾天，我還是絞盡腦汁思索「自己是否自愛」和「到底什麼是自愛」等哲學問題，照樣想不出所以然，覺得腦袋脹成氣球，再不停止思考就要荒蕪到升天。還常越想越恐慌，數度閃現離開里昂是錯的想法，於是傳過一封長篇大論給他，反正結論是說「不管怎樣我會永遠愛你。」傳完後又陷入自我譴責，覺得自己像在牽著一條線似的不要臉面。

幾天後，班森的公司舉辦一場電影《到我們為止》（It Ends with Us）座談會邀請演講，我先去他的公司看試片。電影裡，女主角在家暴家庭成長，長大後遇見一位高富帥又彬彬有禮的醫生，以為自己找到幸福，卻在婚後發現和丈夫重現童年自己父母們的相處模式。一番內心糾纏，女主角在結局決定打破家族的輪迴、為自己而活。

看完電影，在灰暗的試片室，我再也控制不住這份無助，抱著班森大哭。我哭著問班森，到底怎樣我才是打破輪迴？

過往感情關係，我總是很難放輕鬆。

但凡伴侶開始對我溫柔以待，我就化身一株藤蔓，將自己的心臟和對方纏繞，又因驕傲使然，行動做不到過分黏膩，於是這種帶依附又佯裝距離的分裂，常會讓伴侶看不懂之餘，又會有很多壓力。

哪怕什麼都沒做，一個人因緊張所產生的張力，那股隱形的迫切，是能渲染的。

上述造成的後果，就是我老是成為被拋棄、被別人說不愛的一方，並在被拋下後瞬間成為受害者，對外高呼男人不可信、單身最好，對內卻在夜深人靜嚎啕大哭，覺得自己要的東西這麼簡單，就是想被愛，為什麼都一場空。陷入這樣的情節循環。

這股循環，我已經受夠。

「我向來談感情的問題，就是愛得太用力，太害怕失去。我覺得沒有什麼比讓我感到滿足平靜的關係更好了。」

坐在座位上，任由眼淚滑落臉頰，我哽咽地說：「我再也不想談內耗的親密關係，可是又認為里昂說的『自愛就是接受別人不愛你』好像有道理，接受別人和你心靈不契合，接受別人不愛自己，到底什麼是自愛？」

對電影女主角來說，離婚，是她的打破輪迴。

反觀我，假設想要愛的自在，那麼我是待在里昂這段關係和他輕鬆快樂，並對他的不尊重與不適合放下期待、自我和解，這對我來說是打破輪迴？還是我主動斬斷關係，並在下段關係遇到一個和我互相深愛的伴侶輕輕鬆鬆在一起，才是打破輪迴？

我問班森，到底是哪個？

我說，我做不出決定。

班森帶著微笑，靜靜聽完，在我訴說這些時，他都輕摟著我。

「如果做不出決定，那麼妳先不要做決定？」他輕笑反問。

「妳現在都用『知道』的狀態在想，可是假如放鬆下來，就像妳自己體會到的那樣，妳覺得自己向來無法放鬆，何不現在就是大好機會練習？讓妳的放鬆帶著妳走，答案必然會浮現，我知道妳可以。」

當晚，我就從信義區的班森公司，沿途走回西門町我家，展開遊蕩。

隔日，我還突發奇想地跑去宜蘭羅東閒晃，根本不知道自己走去哪，晃到一個四面皆稻田還沒有公車站牌的地方，剩白鷺鷥跟我大眼瞪小眼。更盯著地上疑似是蝸牛滑行留下的黏痕發呆。

現在，我很感謝和里昂這一個月冷靜期的單獨，假設中間他傳任何簡訊給我，或和我見面，那個習慣有人陪伴、無法割捨往昔甜蜜的無意識又會跑回來，無形阻礙我做出符合內在的決定。

羅東閒晃那天，我先想通第一件事。

且這靈光一閃，竟是發生在我從田間順著 Google 導航指引走回公車站，約莫等快一個小時，時間接近傍晚。彼時，天色漸漸變暗，馬路遠處忽隱忽現頭燈，知道公車終於駛來，雖然不清楚公車是幾路，會到哪，我卻下意識高聲慶賀並脫口而出「耶！來什麼就搭什麼吧」的瞬間。

有個聲音在我心裡浮現。

「妳現在是什麼，就是什麼。」

我愣了一下。公車司機開門提醒我上車，我刷了卡，車裡沒幾個人，我還在回味這個片刻浮現的感覺。

高瑞希，妳想要什麼感情？

不談未來，就是現在，怎麼樣妳才真正快樂？

此時，我腦袋又竄進了一個記憶。

///

我有一個好友江仔，是個直男，我總會把里昂傳給我的訊息給他看，請他用男性角度給我些意見。

每次讀完里昂的訊息，江仔總有萬年不變結論：這個男人在PUA妳。

特別是里昂和我討論自愛，江仔提醒，他會用靈性成長的邏輯來告訴妳，假設妳不這麼做，就是不自愛。妳要當聖母嗎？像小孩強迫媽媽要接受自己觀點那樣，媽媽必須全盤照收？妳想這樣嗎？

我不想。

彷彿是跨越時空，我在傍晚的羅東的公車上，回應了江仔昔日的提問。

答案不言而喻。

每個人在情感裡都渴望被理解、被支持，或有長期陪伴的感覺。坦白說，一個人能在情緒與物質為你帶來依賴，我不認為這是錯的。人類基於原始動物本能，本就喜歡連結。我有個好友曾經對我說，他喜歡到處搜集家人，甚至有過想因搜集家人而考慮生小孩的念頭，覺得這樣才有一個人是屬於他的。我們常被這樣原始性的集體潛意識綁架，皆源自被遺棄的恐懼，這是涉及生存問題的事。

我還是渴望遇到一個理解我，且和我是相愛的人。現在里昂都已經明說他並不愛我，只能給我無條件的愛，說實在我受夠了這個似是而非的說法，顯然和我遵循的價值觀是不同的。里昂對自己的信仰堅定不移。那我呢，我要什麼才是重要的吧。

我要一個簡單的關係。

這份簡單，就是雙方相愛，沒有參雜「我不愛你但我給你無條件的愛」這種閃爍其詞。另外，我認為世界上沒有一個人能真正理解自己，但起碼那份願意為彼此各退一步的體諒與尊重，是建立健康關係的基準，不應該有誰必須無條件接受另一個人的價值觀才是自愛。

自愛，顧名思義，是自己選擇愛自己的方式。這是交給自己定義的。

很可能里昂認為的自愛，會在無意間造成他人的傷害，但換個說法，這也是一個機會讓女人釐清什麼樣的關係對自己是最不內耗的。

儘管江仔說這是PUA，不過與其說我和里昂的情境是PUA，更像一個女人在尚未釐清自身情感需求的情況裡，被一個很清楚自己要什麼的男人說服。回頭細想，里昂能在馬來西亞的情人說要一對一關係時，就能斷然與她分手，意即他從頭到尾都會捍衛他的情感價值。我為什麼不能如此？

我要一對一關係，我要被視為特別的。

我仍有想被理解跟被支持的渴望，但關鍵是：這份原始性的需求，不應該是你捨不得離不開一個分明性格與價值觀就不適合你的人的原因，還得強迫自己用不抱期待的方式消融這份內耗。

談感情，明明就是要對方跟自己都開心呀，真心地愉悅呀！

這就是我此刻的需求，這不是我不自愛。

原來從相遇最初，我愛的都是幻象。至於這場幻境，是在我願意給自己長時間的單獨狀態去醞釀，全然地放鬆開來，答案並以超乎想像的迅速抵達。

念頭一篤定，剎那間，我就不愛里昂了。

監獄的門在心裡打開，我走了出來，一秒都不到的事。

然而，記得我前面所說，和里昂分手後，我在街上日日遊蕩。羅東的幡然醒悟不過是開端。

在保持這個日日的、單獨的遊蕩狀態超過兩個月後的某天。

我看見更大的奇蹟。

／／／

幡然醒悟後，我給自己休息很長時間。

這邊講的休息，是徹底不做任何事。

除了不寫作，我也不主動跟朋友約，有些和姐妹提前好幾個月講好的聚會，到頭來變成電話粥。總之，我給自己滿長時間獨處，期間隱約感受周遭有股全知全能的力量，無所不用其極通過環境給予我不同啟發。現在想想，或許是我把焦點全神放在自己身上，才有辦法看見與聽見這些象徵。

它們從頭到尾就存在，是我疏忽了。

有幾天跑去宜蘭羅東閉關，專找有稻田景觀和浴缸的房型，連續三天的民宿跟飯店，對方都給我升等。

一間，是客人昨晚臨時改期。

另間，是老闆娘聽到我想閉關，當即讓我升等，「我欣賞願意和自己好好在一起的女人。」閒聊得知她是離婚後才開這間民宿，地點選在羅東，是某次獨自跑來羅東放鬆的靈光一閃，覺得環境適合放鬆，便用贍養費在這買房。房內設備介紹完畢，老闆娘微笑拍拍我的肩膀，掌心碰觸的力道既扎實又誠懇。

「單獨時間越久，妳會越有力量。」她說。

這不是我在離開里昂後第一次被升等，或明顯感受到來自陌生人的善意。

距離宜蘭行的幾天前，受邀去嘉義參加一場文學講座。

跟好友住飯店，我們房間都被自動升等成豪華套房；我想買晚餐，好友送給我她吃不下的肉餅，其實她只吃一塊，等同全部都是我的；我口渴想喝飲料，好友陪我下樓買豆漿，結果飯店大廳就提供免費飲料，是清爽的百香果冰沙，櫃檯還送給我兩罐舒跑。

好友都驚訝，「欸妳好幸運，什麼都被送耶，不用花妳任何一毛錢！」

這被我看作一個訊息，除預告有個改變正在發生，但我不知道自己要結束什麼與迎來什麼；再來，這被我認為是提醒，現階段的全然放鬆、不進行任何寫作或社群服務，於我是必要的，我不需感到任何愧疚。

我常會為了讀者頻繁更新訂閱制和社群，哪怕靈感全無或體力不佳，擔心如果不加緊腳步努力，我怕自己文字會退步，失去專業與實力；再來，我怕別人會退訂，我就沒有錢製作 podcast 節目和其他創造，還有還款房貸，總之陷入生存焦慮。

我驚覺自己被這麼多匱乏包圍。

從情緒價值的稀缺與抓取，到最基礎的經濟問題，無不提醒我現在最需要的是休息與整頓。倘若再抱持著這樣恐懼的意念做事，遠遠悖離我所渴望的自在安然。

過去演講常和讀者說，抱著恐懼依然會驅動你向前，至今這個道理也是真的，這是地球被誕生後的歷史文明演進下來的舊有意識，它們仍能驅動你成功。

但，長年都被恐懼驅動著，從寫作追求實力專業，再到親密關係追求渴望被理解還有資源穩定，我漸漸在問自己——除了「恐懼」這個被人慣性使用的舊有文明信念，還有沒有別的？

一路被恐懼追趕，我能得到自己想要的不假。只是環顧周遭情境和遇到的人，都會是和我有相同執念與資源匱乏的人，連讀者都是，偶爾相處下來會有互相沾黏的疲憊。不光他們會問我有必要搞這麼累嗎？其實我也常想把同樣的話送給他們。

坊間身心靈書籍都在談「愛」，連里昂最愛的奧修都在談愛，我有一整年時間因工作關係大量接觸奧修相關課程，見一群老師說得空泛與抽象，談花談樹談動物，沒有可被人類應用的實例可舉。

一旦你提出懷疑，他們會告訴你：「真理不可言說。」

於是，你見到街頭巷尾訴說著抽象的真理，猶如政黨的意識形態，大家變成口號，沒人真正明白它的意思，包含我自己，連這本書前半段，我都在說我多麼愛里昂，後面發現我愛的全是自編的劇本、自造的幻覺。

當一個人能用「愛」的信念做前提，會發生什麼事？

他真正的狀態與行動會是什麼？

在被民宿老闆娘升等房型的那晚，我看見了。

還是泡澡的時候。

當時，我記得自己把整個身子埋進充滿精油香氣的泡泡浴，僅留捧著小說的下臂與雙手還能呼吸。房間僅剩偶爾挪動身子產生的水聲，再無任何聲響。

讀到一半，我倏然確定有股難以言喻的威能，讓我明晰自己正被一個無形結界籠罩。

它非但沒半點攻擊性，更帶有緩緩的擴張感，遼闊到彷彿不存在邊界，不存在到你會忘了它其實正在緊摟著你、和你相貼，你如果沒有敏銳度，會感覺不到它。因它不光是抱住你，它還抱住了大地與蒼穹。總之，我很難用語言和文字形容。

即便看不見摸不著，我是真的感覺到了。

在感覺到的瞬間，我很確定我是清醒地脫口而出「哈，祢在這裡呀！」

說完後，我開始笑，笑著笑著，又無法控制我的淚水。

我真的說出跟作家張愛玲那句「哦，你也在這裡嗎？」一模一樣的話，且在說的當下，我也忘了張愛玲說過這句話。現在明白這位傳奇女作家寫下的「於千萬年之中，時間無涯的荒野裡，沒有早一步也沒有晚一步」的狀態底下，興許是長時間萬般孤寂的內心，於某天靈機一閃的感動。

我不知道張愛玲說的「你」指的是誰，但我很知道我說的「祢」是誰。

原來我一直在尋覓的靈魂伴侶，早就在了。

他就是我的內在。他是我的靈魂。他一直在等我。當人們有幸能勾到他，哪怕只有一點，可是這一瞬間，什麼渴望被愛、渴望支持等人類需求都不復存在。你會有一種沉穩的喜悅，遠超過快樂，哪怕用「平靜」這個詞也很難精準勾勒，只知無聲勝有聲。

泡在浴缸，笑著流淚。眼淚是豐滿的雀躍，是電視常看到一種婚禮場面，新娘哭著對新郎說：「我終於等到你了。」

我徹底理解到：我早就被愛，我從未失去任何。

我被我的靈魂深深愛著。

這個在我第一本書《相信自己，才是完整的你》講過的「你已經被愛」，原來是真的也是假的。會說假的，是我那時終究沒有親身經歷；會說真的，是世間真有神靈與靈魂，祂們是你，祂真的存在，不是虛妄。

我確定，我知道祂在身邊。

當我看到且了解的那一刻，我就做到了。

那晚，我嫁給我自己。

女人和男人都在尋找靈魂伴侶、靈魂家人，在親密關係各種糾纏放不開，可是真相是：靈魂伴侶不是某個特定的人，靈魂伴侶一直都是「我的靈魂」，祂一直都在耐心等待我，憶起祂，憶起自己來到地球的目的。

每一個我愛過的男人，那些有心或無意讓我受傷的男人（其實都是無意的，沒有人有心想傷害誰），他們的存在都是讓我回想起我是誰，此時此刻什麼對我來說是快樂與自由的。

所有內在驅動與感情關係都應該是如此。

和這個人交流、做這件事，都是要快樂開心，沒有任何內耗，連做這件事是為了「療癒受傷的自己」，或跟這個人在一起是為了「做真實的自己」，真的，都不需要也沒必要。

你的靈魂伴侶，意即你的內在，祂始終都待在你旁邊，祂在等你發現他，並在發現後明白你整個人根本就沒什麼好療癒的，你早已完美無瑕。請記得我這邊講的不是完整，是完美。你所有的來處與發生，是命運因為你無意識的選擇，創造一套愛你的方式。

無論這個方式你喜不喜歡，這條路徑都是為了讓你與祂重逢。

及，你也沒什麼好需要在特定地點、特定的人面前做什麼真實自己。

你隨時隨地都能做你想做的事。

發自內心的喜悅，那跟小朋友的快樂，很不同。

所謂內在小孩的渴望，不是去滿足他。小孩愛哭愛鬧、喜歡遵循本能慾望做事。

生過孩子的女人才會知道，小孩不是善也不是惡，他是中性存在。小孩是可以殺死蟑螂、弄死青蛙不眨眼睛，也能抽掉其他小孩座椅哈哈大笑覺得有趣。內在小孩的需求，是中性的。

中性，可能導向善與惡，包含傷害別人。

除里昂不想控制他的內在小男孩，選擇對男女關係用「我不愛你我又無條件愛你」模糊界線；我其實也看見我的內在小女孩因情緒索求帶給別人的傷害，也容易錯失對人性更廣泛的理解，包含我會看不見他模糊邊界後的討好人格可能源於他的童年創傷。

而今，我通通看見了。

內在小孩，其實是我需要去照顧她，告訴我的內在小女孩：妳需要被理解、被愛跟被支持的那份渴望，有一個更大的妳，她會撐住妳。那會是妳從未想像的遼闊風景。妳所要看的是——此時此刻怎樣做，對妳是舒服與自在的。

慈悲是用在理解他人的難處和局限，但不等同妳拿這點自我虐待。她已經有力量可以保護妳，不再受到別人無意識的界線不明傷害，並知道怎樣的關係或對待對妳是最好的。妳值得擁有妳想要的愛，但如果沒有讓妳心靈紮根滿足的關係來之前，妳也很安然。

曾經在天山王母廟，我領悟到，我要對跟里昂的關係不抱期待。但和靈魂正式相遇的那天起，原來不抱期待，並非最終抵達，它不過是一個里程碑。

你要不怕失去。

關鍵是，為什麼你可以不怕失去？

只因你從來就沒有被誰丟下過。

對，所以你可以這麼解讀，你不用擔心失去任何關係。

靈魂伴侶會有千千萬萬個。阿龍是我的靈魂伴侶，學姊是我的靈魂伴侶，巫女是我的靈魂伴侶，里昂也是，讀者也是。

故而，關係失去，再找就有，這可以是你的去向。

但是，倘若你真有那麼一天與祂相融，會有一個更大的自我重新誕生。

你不會想要到處搜集伴侶，或非得綁定哪個人，或非得要無時不刻主動關心非有牽連不可，因知道再怎麼搜集，那些都是靈魂的碎片。

但同時，你心裡仍保有愛人的堅定，反而想的會是——這個從未被靈魂拋棄的我，能在這個世界做什麼好玩的創造？實力不實力也不會是你追求的重點，卻會是自然地抵達。

唯一不變的是，這份原動力會來自熱情，不是狂喜，那是永續、對失敗不算計的力量。只因你的導航、你的伴侶、你的老師，他們從未遠離。

更甚，你對「反抗」這個概念，也會有全新視野。

常被讀者問問題，通常和「如何不在意文學獎」和「突破框架」有關。

身為一個目前只報過一次文學獎，半個獎都沒拿到的人來說，或許講這個還挺有底氣吧！（並沒有）實際上，我還是認為獎項是重要的，不過獎項存在目的，不是權威與專業的象徵。

比賽存在的意義，是你和同個領域的強手較勁的過程，你們彼此學習。你會看到自身局限，但也會看見自己的特別。你可以偷一點他們的美學與藏匿，在自己的風格裡變化。你有你的賽道。

倘若你只是憤世嫉俗覺得文學圈（或某某圈）的體制不重要，即便你想反著體制來，你的創作和追求仍然在某種程度受限於你所反抗的框架。

到這邊或許有人不懂，什麼叫打破體制的同時也在被體制限制？

首先我們先得提到，框架及秩序向來是人類創造及發展出來的產物。

至於打破框架，也是基於對現有框架的對立面進行探索及實驗，伴隨越來越多人認同及跟進，繼而推翻上一個框架，成立一套新的框架。

然而，以上終究奠基在「你遭到現有框架受限的不滿」的前提進行，帶著一股濃重的自我掙扎與恐懼。

容我用更簡單的方式舉例，就用寫作或自我表達的領域（因這是我的職涯及志業，會比較好舉）。

假設你是一位作家，對純文學圈的標準非常不滿，覺得評審美學及風格的標準單一或局限，於是決定寫些完全不同於這些標準的作品。好比說風格非常碎片，結構零散甚至稱不上小說的故事，你堅稱他是小說，並受到廣大閱讀群眾歡迎。

好的，即使你寫出這樣的作品，但這些作品仍然是在「你被文學圈的邏輯影響」的底色創作。因為創作時，你是「針對」這些標準來進行反抗，所以你的作品還是和這些標準有關。

你狀似反對和你相悖的框架。

但同時，你卻被來自遠古的、相同的意識形態支配，陷進舊有文明的輪迴。

和前男友們在一起時，常聽到他們說，我不滿這個體制，我要改變什麼什麼的概念在做事。

書的前半段，眼見自己想方設法為擠進純文學圈，為追逐專業頭銜而掙扎的日子；到中間離開里昂，一度討厭這本書對里昂的觀點與感受前後反覆打臉；到此刻，我已完全接納書中所有情感的發生，哪怕它再怎麼流動到毫無邏輯，它就是我的寶寶。

我對自己過去的書寫從未欺騙，哪怕自欺或投射，這於「當時的我」都萬分真實，反正我確認我的文字是沒有騙人的。那麼，如果我就這樣討厭當時自欺的自己，就是對不起我靈魂為我安排的道路。

當我全然接納這一切發生，抱住了過去，包含接納我的文字。我便清楚一個人如果是用「我不滿這個體制」來突破，其實不是不行，可是這樣的開創性，仍被一個集體意識下的信念限制，名為生存與競爭。

瞧瞧希特勒跟毛澤東，他們創造他們的帝國，在從古老的母系社會過渡到父權社會後，所有文明的信念指向無不是如此，搞得千年下來大家都視為全知真理，沒有其他可能性。

他們創造了框架，卻在時間的轉輪裡，逐步成為讓他人恐懼的框架之一，畢竟最初驅動他們的狀態就是一股滔天憤怒的戰鬥之火，火焰能燃燒森林，不見再生可能。

你反抗框架，本質還是被反抗的這股意念限制，你會活得膽戰心驚。

可惜的是，我來不及跟歷任男友說。

有些人所處的位置，會比我更有機會去調整這個信念，並在現在待的體制去改變。那種改變不是挑戰和激化，或非要刻意特立獨行，是帶著一個更寬廣與理解的視野。

怎樣才能脫離呢？

脫離這個舊有文明的信念。

其實就是：**不怕失去而產生的，一種長期單獨後迎來的快樂及自由**。

看似要調整創作思維，但更重要的是你最深層的信念系統，到底是怎樣的驅動力會讓你發自內心感到火熱，而這股火熱，超越位置及策略。前些日子剛好在看《激讚網紅》，那些網紅為了生存無所不用其極的策略，我知道他們看似突破框架，仍無法成立一個嶄新文明，仍在舊有的歷史裡。

與其僅僅針對文學圈、某某圈的標準進行反抗，不如思考什麼是真正驅動你創作的內在動力？而不是單純因為反感某些規範或標準。

當你能夠把創作的焦點從反抗轉移到自我表達和探索內心世界，你的作品將不再被文學圈的框架所限制，是超越這些，成為你自己世界的真實表達。

你會更敢於實驗，不會輕易被產業限制，尤其現在自媒體林立的狀態，你更有這個底氣去找尋敘事的聲音。

故而，保持創作中的快樂與自由是關鍵。

不再過分在意外界的評價，專注自己想要傳達的情感和故事。你的作品將自然而然具備更大的感染力和影響力。

這樣一來，你所創造的作品不再停留於對既有框架的反抗，而是以獨立姿態開創屬於你自己的道路。這條路可能會吸引那些同樣渴望突破和改變的人，並逐漸建立起一個新的文明。讓你在快樂和自由中實現你的夢想，而不是恐懼。

未來新文明的創建，已不是停留在打破某個制度，是一種新的意念轉移和探索。

過去人類的歷史都在改變制度法律，改變物質世界的一切；但新興時代的人類，假設你真自詡為外星人，你需要做的是探索另一個意念的可行性，即是：比恐懼更大的愛與喜悅。它是存在的，它也能為你帶來榮耀。

如果你信恐懼能驅動你成功，那麼「平靜的熱忱」有何不可？

過去驅動人類進步的潛意識是恐懼、生存與競爭。

也許該反個方向，去實驗另一個已被人們視為不存在的，另一個潛意識。

就讓這份潛意識，去進行超越時間的累積，變成千年後的另個集體潛意識。

曾有讀者分享他遇過一個療癒師，會在家裡進行觀想，想著讓胸部變大、頭髮變黑這件事，說集體潛意識是假的云云。這個療癒師，他說的是真的也是假的。真的，是集體潛意識能被重塑；假的，是指向要放對地方，它可以不只頭髮與胸部，或長生不老。

你不理解那份寬廣，不等於它不存在。也不等於沒人做得到。甚至，更不等於你就做不到。

但要做到的前提是，你必須親身穿越一趟恐懼之旅，且不能逃離與合理化任何。

你需要深度檢視你的情緒，時刻反思自己，又不能自我厭棄；最終，你還要以咬起牙關，用行動痛改前非，請記得沒有通過行動彰顯，你的洞見不過是雞湯，不是真的明白。這是我這本書前半段的部分。

恐懼之於你，可大可小，我的恐懼不見得比你小，也不見得比你大。恐懼就是恐懼，你也別肖想推翻。

但是，穿行恐懼後的禮物，尤其當你承接了恐懼，非同小可。

古老大地之母的陰性力量，是比雄性驅動的陽性力量更強大且圓融的。其實男人也有陰性力量，愛因斯坦、賈伯斯都是，反而不是成功後便在那邊對女性有著各種不尊重發言如伊隆馬斯克或川普之流。

這不是表面上的成功那麼簡單，是驅動你的是什麼？若是不服、恐懼、生存等等，光瞧瞧那些政治人物變成什麼樣子，你創造體制，但你成為了下一個讓人恐懼的存在。

對自己完全的愛，它不會。

是的，我講的是自愛，不是愛人。但其實做到前者，達到後者就會是自然而然。愛的本質，向來是先對自己擁有最大的理解和無懼。而這也是源於你清楚你的靈魂伴侶無所不在。

可惜的是，現在的人對於無條件的愛、對不懷抱期待、不怕失去的廉價詮釋，讓愛成為空泛的雞湯與神話。像極書中的我和里昂，都在說愛對方，全部是在愛自己，但又不是「真的」愛自己，而是愛自己那填補不滿的匱乏。我們都疏忽了自身行動跟嘴上口號，到底有沒有對上。

能做到對生命全然信任的不要臉與不要命，不過是做到不再恐懼失去。

背後核心是：**你從來沒有真正失去什麼**。

到現在，我還是很難理解泡澡那瞬間的啟發是怎麼到來，是否真理浮現的剎那已是漫長時間的累積，是萬千心神消耗與行動穿越過後的醞釀。只是，若三十四歲能讓我觸及此靈機，我會覺得那些受過的苦、犯過的錯和反覆的內耗皆已值得。

然而，即便我知道這個新文明，也不會讓我成為時代的英雄，我頂多是墊腳石。

可是當我在泡澡的那一天望見這個洞見，我就知道我必須分享，沒有別的。

第12課 不失去愛人的力量

週一的安靜早晨，和恩姐相約去大安森林公園晨跑。

平日大家要上班，恩姐退休了，我是自由工作者，特地選在這個時間，是恩姐說今天想好好跑步，人多太雜，退休老人需要安靜。我嘻嘻笑，照妳這麼說，我也算是退休老人了。

我們先吃了美而美早餐，恩姐關心我的新書及感情近況。恩姐是我在一場表演工作坊認識的同學，曾在法國工作多年，後來決定在五十歲退休回台灣，我是在她退休時認識她。恩姐總對我抱以期待，常用篤定口氣告訴我「妳會幸福」，而我則常常告訴恩姐，許久未見，她還是那麼漂亮，我講的是實話。

按照慣例，恩姐都會回答「謝謝」。

今天和往常不同，除了謝謝，恩姐補充了一句：「能在這時還被說漂亮，那麼就是漂亮了吧。」

年近五十五歲，沒有童顏針的緊繃痕跡，歲月難免在恩姐臉上留下細紋，卻反讓她成為老工匠在小木屋裡精細雕刻出來的神像，自帶一種擁有深刻洞見才會淬煉出的優雅尊貴。她的體態保持良好，穿上合身黑色運動連帽外套和緊身瑜伽褲，修長雙腿和纖細腰身，常在心裡這麼想，老了也要長得像恩姐一樣。

早餐吃飽不宜跑步，和恩姐先繞大安森林公園外圍走一圈。

今天陽光不烈，空氣偏乾，氣溫不高，有點像歐洲國家的天氣，更有微風陣陣，日光穿過層層樹枝樹葉投射在紅泥地，在地面留下大大小小的光點，氣氛有點浪漫。

想到恩姐的伴侶羅伯。

羅伯是法國人，比恩姐大十六歲，和恩姐相戀二十年，沒有生子、也沒有結婚。

雖然不常在社群曬恩愛，可是恩姐曾帶羅伯和我見面，兩人在聚會時緊緊牽著對方的手。更甚，羅伯還在恩姐去洗手間時偷偷告訴我，「Anny（恩姐英文名）是我最大的禮物。」說完對我比了噓的手勢，要我不准告訴恩姐。

可惜我站在恩姐這邊，聚會後馬上就把祕密洩露出去。

記得恩姐笑得像一朵嬌嫩的玫瑰，溫柔地回答：「羅伯才是我的禮物，是他讓我知道什麼是『被神愛著』。」

當一個女人的精神世界豐富，而遇到的伴侶是滋養她的人，那麼她越長越美是一種必然。恩姐曾對我說，遇見羅伯之前有幾段戀愛，常讓她身陷煩惱跟不安全感，回頭看那時候的照片都很陰沉，哪怕化濃妝都掩蓋不了憔悴，反而在和羅伯相戀的這二十年，自己跟他都返老還童了。

「好久沒有見到羅伯了，他過得怎樣呀？」我隨意地問了一下恩姐。

其實和恩姐算不常見面，前段時間她是法國台北兩邊跑，加上羅伯是外國人，要得知他們的愛情故事也是久久更新，然而畢竟是好友，久久更新也能談得投機，只是繼多年前的那次聚餐，終究沒什麼機會能見到羅伯。

「羅伯過世了。」恩姐說，步伐還是踏得扎實，口氣雲淡風輕。

「什麼？」我大驚失色，「對不起我很抱歉。」

恩姐拍拍我的肩膀安撫，妳傻了啊，這有什麼好道歉，他都老了，我也老了，死亡本來就是會發生的事。其實恩姐說，這次她約我出來，也是想告訴我羅伯過世的消息，但她又覺得不需要刻意提，就擔心整個場面會太凝重，倘若有一個舒服氛圍出現，這件事就會自然而然被說出來。

「我還感謝妳問我呢。」她笑道。

兩年前，羅伯被診斷癌症末期，在法國已住在加護病房，這是恩姐前些日子頻繁往返台法的真相。更甚，她在後期索性住法國照顧羅伯。

在羅伯被醫師診斷時日無多的時候，恩姐告訴自己，羅伯是她的大樹，是她精神世界及物質世界的依靠。現在大樹倒了，就要換她站起來、成為羅伯的大樹，無論愛人能活多久，她會想盡辦法讓羅伯在離開前能無懼死亡，只因曉得自己是活在她的愛裡。

當羅伯因癌症腹痛不適，恩姐會牽起他的手揉揉，或用手掌輕輕碰觸羅伯的胸口，讓他感到安心或被支持；當羅伯睜開眼睛，她會確保自己都在愛人身旁，用眼神向他堅定示意，自己不會離開。

恩姐絕對不會在羅伯面前哭。

她不想要愛人為此感到愧疚，而且她看過一篇報導，有癌症患者會因不捨家屬難過而選擇放棄治療，恩姐不希望這件事發生，縱然死期已被訂下，她仍想要和羅伯多相處，盡可能用自己輕鬆的笑臉、積極的行動，讓死神能暫緩劃下鐮刀的時間。

「那是我最痛苦的時候。」

恩姐回憶，在見到那個妳所深愛的，那麼照顧妳的，一個意氣風發的男人，在妳面前變得跟骷髏一樣瘦，說話聲音氣若游絲，發音困難又速度減慢，那種因場面不堪而帶來的恐懼，會像傳染一樣直驅你的潛意識。你已經不清楚自己是害怕被愛人遺棄，還是純粹害怕死亡，害怕從這個世界上離開後你會去哪裡。

大安森林公園不知道走了第幾圈，恩姐跟我走到額頭冒汗，幸好涼風不時吹來，汗水被風輕撫的感覺是舒服的。

可能是邊走邊說的緣故，恩姐走得有點喘，只是一旦發現喘了，她就會慢慢調整呼吸。人到一定年紀，看開一些事情，已懂得自己代謝自己的傷，或乾脆就讓傷停在那裡。恩姐一向屬於前者，從她舒坦的眉心看來，她已經接受羅伯的遠去。

「羅伯離開讓我知道，生離死別是必修課，它不是選修課。而且生命是由不得你選擇用怎樣途徑去活，你必須被迫地臣服。」

會這麼感嘆，是恩姐在照顧羅伯期間，曾向宇宙許願，盼在羅伯闔上眼睛的最後一刻，親眼看著他離世，這樣她可以不用讓他孤單，能緊緊握著他的手，讓他死前最後一秒，都有她在。

然而，恩姐卻是某天在市場購買食材時，接到醫院打來的電話，說羅伯正在ICU病房搶救；當抵達醫院，她是站在ICU病房的門口，得知羅伯已經斷氣的消息，眼睜睜盯著病床上愛人的遺體，那時羅伯已經準備要被護理人員換上大體專用的白衣。

恩姐錯過送愛人最後一程的機會。她沒有聽見羅伯的遺言。也沒有機會在羅伯迴光返照之際和他說話。

「當下我明明很哀傷，覺得我的靈魂有一個很大的東西被剝離掉了。可是一瞬間，有一個比哀傷更大的能量籠罩我，這讓我對醫生說，可不可以讓我送羅伯最後一程，我想幫他換上白衣。」

「我從包包拿出羅伯生前最喜歡聞的精油，有薰衣草、蓮花、檀香跟檸檬草。我帶著這四罐精油走進去。我把他的病衣脫下，用精油擦遍他的全身，輕柔地按摩，像按小寶寶那樣。我非常心痛，我有落淚，可是我沒有嚎啕大哭，因為我將全部心思都放在眼前，我想用我的方式陪他走到最後。這是我們兩個人專屬的儀式。」

「精油擦完後，我還感覺得到羅伯身體被我按得熱熱的。我把我的嘴唇湊到他的耳邊，用悄悄話說『謝謝宇宙讓我遇見你，下輩子我還是想要跟你在一起。』我相信他的靈魂還走不遠，他有聽見。」

敘述整個過程，恩姐口氣雲淡風輕。

反而是我哭花了臉。

不只是我，恩姐說在場的其他護理師包含醫生，大家都流淚了。他們早在恩姐照護羅伯的這段時間，看到這對伴侶的互動，知道他們哪怕沒有婚約，沒有孩子的紐帶，卻這麼相愛。

恩姐回憶，現在她認為有一股很大的能量，已經遠遠超過被遺棄的哀傷，以及對於死亡的恐懼，而這個能量是在她為羅伯擦精油的當下發生，就是全然的愛。那時候她對羅伯的愛，已經超出羅伯離開自己的至哀，她唯一想的就是：我現在只想幫他擦精油，然後對他說，謝謝你，來生再見。

「瑞希，現在每個人都喜歡講顯化，可是他們不知道，它們顯化的都是慾望，所以他們始終無法滿足，始終活在匱乏裡。真實的愛、滿足跟快樂，是我們在不抱期待的付出時就會知道，我們早就都顯化我們有的東西。會呼吸的人用不著顯化空氣，他就只是呼吸而已。」

這是羅伯的患病和死亡，教會恩姐的事。

其實，在羅伯遠去之後，恩姐還是會常常哭泣。

這兩年間，她會到健身房跑步，邊跑邊哭，讓思念的情感通過眼淚釋放。

恩姐說，自己現在已經不再害怕被遺棄。會哭泣，就是純粹想念羅伯、深愛羅伯而已。不過當眼淚越流越多，疼痛指數也越來越少。終於到現在，恩姐想到羅伯會甜蜜，會感到心安，卻也曉得人世間可能不會有其他男人像羅伯那樣珍惜與疼愛她了，而她並不在乎。

「羅伯讓我知道，我失去了他，可是我沒有失去愛人的力量。」

兩年間，恩姐做了一些事，她將羅伯生前和律師討論留下的存款拿去慈善，連羅伯想留給她的那份，她也拿去捐款給流浪動物；至於她自己，因她過往事業成就斐然，她也不吝惜提拔後輩，像是恩姐就介紹給我幾個品牌合作。她笑說，現在只會想要把愛，給予同樣有愛的人。為喜歡或欣賞的後輩朋友付出，她會感覺和羅伯更靠近，因羅伯生前也是這麼對待他人的。

靠近中午了，感覺頭頂上的光線開始暖和。

恩姐邀請我，和她用力跑一圈。

兩年來的鍛鍊，恩姐健步如飛，竟迅速將我甩在後面。望向前方恩姐的背影，被風颳起的長馬尾左右搖晃，輕盈腳步踩在地上發出扎實的聲響，每一步都誠懇地親吻大地，如她與羅伯相愛後，學會心甘情願地臣服，不再索討他人給自己什麼，而是轉為真正愛惜自己跟世界，才知道——

全宇宙唯一能控制的，只有『自己能夠給予他人什麼』。

你會帶著愛想念，卻也會因為帶著愛，而不再害怕。

跑一圈回來時，恩姐已經在終點等我。

她的臉龐都是淚水，臉上卻掛著放鬆的笑容，像現在這時間點，靠近正午的陽光。

後話｜從恐懼走到愛

幾個摯友和我說過這樣的話：「我不懂妳。」

最終眾人解法是放棄理解，我就愛妳就好。

那時寫在社群還一堆人轉發，要情人朋友別想著理解自己，就愛我就好。狀似感人實則霸道。停在這裡是可以的嗎。這陣子有個想法浮現——世界上根本沒有人可以理解你，我必須先理解自己。

好友們會說，我是一個聆聽他們心事比他們還認真的人。

別人陷入生存焦慮，便是帶著筆記本衝到對方家，以不同問句引導，半記者訪問半諮商，陪他們拆解矛盾，抓住他們的人生脈絡。這向來是我擅長的事，我常會這麼對自己。

朋友失戀或被公司裁員，往往一約就到，陪伴他們去想去的地方，會在心裡根據對方需要，看現在大家是跳舞放鬆無腦，或他們需要被聆聽；見朋友被慾望及軟弱迷失初衷，我會比他們更哀傷，彷彿陷入阿修羅道的是自己。

甚至，哪怕是好友開心的時刻，某演員向我提到拍戲及表演的神聖之處，我竟感動落淚，人家百思不得其解，這有什麼好哭？妳到底是個怎樣的人？

「高瑞希，她到底是一個怎樣的人呢？」

是我每個朋友的疑惑。

///

一個好好小姐，一個稱職的陪伴者，一個總能帶給他們正能量的朋友，一個能把複雜情緒理智拆解的心理諮商師，算好懂，大家的好朋友。

朋友跟同事最無法理解的，是我在關係裡難以言喻的疏離，尤其友誼，包括職場，職場關係也算是一種友誼的廣義分類。

這股疏離，是對朋友的故事認真投入、能將祕密鎖進墳墓，可是無論面對面或通電話，我鮮少向朋友表達這種感覺，且這個情境限定「對他們的感覺或看法」。

我很少主動打擾，向他們訴說最近發生什麼壞事，壞事不說也罷，連見面都不太報喜，幾乎把焦點和舞台給他們。

喜悅、憤怒、哀傷、憤世忌俗的情緒與際遇，一律發在摯友限動，有時是一般限動或文章。我是一個願意表達我發生什麼事情的人，可就是無法在好友面前，需透過網路。

我想表達出來讓人知道，卻朝一個沒有標的的空間投擲。

更甚，假設今天跟任一好友吵架，第一時間是先發摯友限動，在限動闡述我的看法或反擊。文字帶情緒是必然。朋友常笑我在摯友限動抱怨超好看，因會把故事細節講得見血露骨，主觀成分極高，畢竟情緒熱頭很難客觀，像看到一個反社會的人，然而整篇嘮嘮叨叨，終仍進行一番自我勉勵跟自我和解。

此時受傷的就是好友。

今天講自己不開心的事就算，講陌生人讓自己不開心的事也罷。然若與好友爭執，即便沒有指名道姓，即便待在摯友限動區的其他朋友不曉得發生什麼事或誰，問我也得不到答案。

可是身為當事者，必明白我在講他。

許多人都深受其害（太多了我就不講名字）。

有朋友還在家裡哭，有朋友比較冷靜地也幾度思索，高瑞希為什麼要這樣？為什麼不當面跟我講？為什麼需透過這樣的方式？她是真心誠意地聆聽我們，也敢表達脆弱跟憤怒。可是為什麼不對我們說，反而寫在一個公開地方？這能真的幫助到她嗎？她這樣做真的能被接住嗎？

最後，他們都因想不到答案選擇接受。

／／／

沒有人會理解你。

你只能自己拆解，自己的謎。

也是從這件事察覺，對家人，對愛情，我不太容易如此。面對母親與情人，即便先前有不敢表達的傾向，現在是暢通無阻的。我不畏懼在他們面前表達。只是對朋友，對同事，還有對「我認為重要的前輩（或長官）」很容易如此，就連前陣子，驚覺對讀者也開始有這種狀態，無法像過去那樣自由自在發布限動或文章。

原本還合理化是在學習謙卑跟低調，之後驚覺是很怕被罵，還有我要保護深愛的、在意的人。

去年練習字字句句斟酌，跑去學習小說的美學與隱喻，有愛也沒有愛，甚至愛的比重不大，偏向我想保護自己跟別人。我想保護在意的人，是我怕他們討厭我；我想保護自己，是怕別人討厭我。也確實，有我在意的人是這樣離開了我、封鎖了我，我有因開心寫作而被遺棄的經驗。

前陣子感覺跟自我探索、活出自己這條使命，或被旁人加諸在身上這個人物設定越走越遠。學習小說美學開心不假，隱喻中的詩意能被擴大解讀，不被框死的意象是好的。然而過陣子又不開心，因本身動機不純粹，我仍帶著一種恐懼在和美學相處。

有個很深的小我在裡頭，是生存問題。

生存問題之下，還有一個源頭。

每篇文章發出去，皆是心懷恐懼又好想發布的矛盾，最終是「好想發」這個直覺的、難以言明的概念超越恐懼。只是對這種每發一次前都要恐懼一次的情境，我不開心的是這個，像進入咒術迴圈。

甚至演變到後來，少發限動跟文章反讓我覺得安全，可是這個安全又讓我不快樂。通常一個人不快樂，就是他沒有走在靈魂的道路上。於我來說這不是平衡，少了全然。

後來，我實在受不了了。

怕別人眼光，尤其是朋友與大眾，從哪裡來的？

／／／

半年前到友人家裡拜訪，近期對方缺乏分享欲，有源源不絕的劇本靈感，卻整個人空掉。

關於友人空掉這部分，我在去年經歷過。

長年被外部世界的雜音影響，J原本對生產創作的熱誠，被社會既定的審美價值所擠壓，而今他終於明白這件事，打從心裡認同自身才能，然而當年不斷追逐外界認同的渴望已被清空，理想卻被長年追逐縮減到百分之二十，需時間讓其長回來。

只是待它長回來，友人會明白一切就是分享而已。

友人向來追求的是自由。

當不再需要外界認同，那麼J所追求的自由，不過是他會自由自在地實驗自己想寫的劇本。他此時需要做的，便是耐心等待能量的回歸。

友人的這一關，我打完了。

現在我來到的新關卡是：**我想走向毫無恐懼**。

故而，我必須認出我恐懼大眾眼光的源頭在哪裡。

這本書寫到現在，拖拖沓沓，卻越來越清晰地看見了。

是不被愛。

／／／

幼稚園到青少年最關鍵發展人格的時期，我是活在不被愛、不被接住的場域，即便母親已經盡她最大的力氣在愛我。

某個和解的夜晚，母親向我哭道，自我出生後就沒有辦法發展自己。她原本有一個去美國拓展美容事業的機會，卻果斷放棄，理由是從舅舅那邊得知，我在親戚家受到其他孩子的虐待。當時的我才幼稚園大班。

母親毅然決然斷掉去美國的計畫，毫無怨言。但是哪怕她用盡氣力，還是無法顧得周全。她會對我哭泣，是驚覺做得再努力，仍舊無法接住孩子的狀態，以及接住她在校園發生的事。

離婚後，母親扛著我父親欠下的債務，沒拿半毛贍養費。經濟壓力都在她肩上，把我寄宿在親戚家。又因躲避債主騷擾及工作變動，我的小學時光就是頻繁轉學。

近年會在演講笑道，轉三次國小的小學六年，國中三年，高中三年，每次都被排擠或霸凌，還有誰比我更神經？只是有些情境我不想強調，但這些回憶異常重要，比方吃同學的嘔吐物，或被同學逼著舔鞋子。

十二年國民教育，種下了我終生的創傷，卻定調我的人生主題。

國小六年，一二年級轉學、三四年級轉學、五六年級轉學。轉學生的身分到新班級已是外來者。同學會有因不安產生的敵意是自然。

重要的是，我確實是一個奇怪的孩子。

我不是孤僻的人，我是隨和的。

每當孩子來找我，我會和他們分享跟樹木還有指導靈講話的事，像是某指導靈叫「霍奇提斯雅詩尼特依美達拉」。用後設眼光觀看童年，真心認為被同學排擠挺正常，我的行為在別人（尤其小朋友）看來根本有毛病吧。

不光如此，我還會跟其他小朋友說一堆憑空瞎掰的神怪故事，小朋友回家做惡夢，家長來抗議。

連我母親都無法理解。

國、高中被排擠和霸凌，一樣源於我的怪異。

上課不專心，會哼哼唱唱。跑去外面卻不敢，怕被老師罵。唱得小聲還是打擾到同學；考試不專心，因喜歡觀察同學，被誤會是作弊。所幸考得夠爛也算洗刷冤屈。想法變來變去，不同立場的觀點都認同，同學們認為我說謊。雖然老愛想奇奇怪怪故事，邏輯卻不好使，無法精準解釋自己，被排擠或誤解是必然。

老師私下打給我母親，建議我休學，要我別影響班上同學。

母親死命捍衛，直接向老師反擊，妳身為教師，不能隨意放棄任何一位孩子的特質，只為顧全妳所謂的大局。總之童年很多經驗，我有感並不被老師理解，卻也明白老師的顧全大局。誰叫這個孩子實在太奇怪了，為維持集體秩序，犧牲個體可能也不是老師願意的。

寫下這些脈絡絕非責怪，是我必須看見。只是早年最痛苦的就是這些看見，每每回溯是無比煎熬、無限的自我懷疑——我多麼想要成為一個正常人？如果我不正常怎麼辦？甚至這些記憶也召喚我對同儕跟老師的懼怕。

連續十二年（甚至更多），我感受到不被愛。

這份不被愛，源自不被理解。

人生創傷所帶來的影響，是當一個人毫無意識自身「缺愛」的脈絡，只會反覆進到不同情境卻有著相同主軸的迴圈。

每個人都是一本小說，有內在驅動力，必然也有內在阻力，且這股阻力及驅動力都會繞著同一個核心轉。一旦核心被認出，過去與未來的情境與人物，你都曉得他們是為什麼而服務。

／／／

曾有前輩提醒我，妳的每個讀者都因妳說妳不愛自己，他們也跟著說自己的主題是不愛自己，根本搞不清楚還有其他脈絡，甚至那些劇情支線要靠他們自己拆解。

假設他們不願意解謎，那「缺愛」便是存於僅他們頭腦知道的概念，終歸無法在現實生活中以行動突破。

十二年國教經驗，自己永遠不會被愛跟被理解的想法，已根深柢固在我的潛意識深處。而在用文字於社群限動跟文章發洩前，為了填補這份缺愛的渴望，我做了很多恐怖的事，也包含犯錯、成為傷害別人的人。

曾擔心主管不肯定我，同行瞧不起我，我在工作犯下錯誤；跟人家約炮，愛上一個又一個炮友，約到後面嘗試3P，同樣想被理解，然因錯誤途徑與心態，人家不可能愛妳，陷入反覆心碎，更坐實自己不會被愛的想法；被騙去當第三者，發現後又不願離開，同樣深怕離開這個男人，是否以後就找不到其他理解我的人。

哪怕性愛冒險於我可能有三、四成好奇成分，這趟經歷卻讓我意識到若一個人根本不自愛，缺乏對自己身體的保護、心靈的理解，還有界線掌握。他的好奇心，他的刻意嘗試與探索，或追求飛蛾撲火的極端，是對現實生活不滿的逃避，一種追求刺激的自我疏離。

所有脈絡都串起來了，全部環繞愛自己。

但關鍵還得回到，我為什麼在乎大眾眼光？我為什麼無法信任朋友？因為大眾，因為朋友，就是同儕啊。

原以為自己要突破的是權威議題。

從專業領域的前輩學姐，愛情這邊的阿龍或里昂。師長的權威，愛情的權威，專業領域的權威，能量與信仰的權威，我以為我要看見及衝破的是這些。

什麼我要當藝術家啊，我要穿大品牌啊，我要在這個社會有個位置啊，我要成為專業領域被認可的人呀，全部不在乎，治百病般通通解開。還覺會抱有這種心態的人非常搞笑又可悲，荒唐至極，但每個人類的故事會充滿這麼多戲劇張力，還有放肆地追逐所有幻象，自造異想世界，不失精彩一局。

我還是深愛著被矛盾折磨的人們，怎麼可能譴責？更甚，依然認為極美。

他們是曾經的我，是可能的未來的我，會強調「可能的未來」，因深知考題不會完結，差別是考題主軸是什麼已然知曉，後面會遇到的人與情境，僅在我願不願意再用行動穿越，或選擇在這關清醒地停下。

只是回到我自己。

一個成天到晚衣服都穿同樣兩、三件的女人，一個始終不在乎這些的女人，怎會突然搞得她在乎了？更瘋狂地是，當放開這些，打從心底放開，國際品牌的邀約或出圈的商業合作就來臨，可是我卻對這些上門的邀請寵辱不驚，打從心裡寡淡了。然而，我卻明白宇宙為我送上商業與利益的重要性。

我愛金錢與機會。

金錢能帶來滋養文化的機會，迎來更精緻的創造，將創造再度分享出去，又是下一城的金錢與機會，變成一個美麗的循環。同時我又能在框架裡自由來去，不被權威的誘惑偏移軌道，因我曾公然向大眾遞交瘋狂。

我知道我是誰。我知道自己為了什麼而做，我清楚想用錢與機會創造什麼，為自己跟世界帶來什麼。

我怕的不是權威，是霸凌。

我怕的是權威用他們的話語權和影響力，煽動同儕（大眾）霸凌我。

完美串連回了十二年國民教育期間的事。

／／／

上述發生，不光能緊扣大眾，又能回扣「不信任朋友」。

我愛我的朋友是真的，卻不認為自己會被他們無條件接納跟愛。我不願意向他們表達太過哀傷與濃重的情緒，怕人家覺得我很煩，覺得我是能量吸血鬼，最後離我而去或選擇疏遠；不敢報喜，因擔憂他們會有不舒服的情緒，覺得我在炫耀，然後排擠我。

寫在限動，是一種自認完美的方法。既能表達出來，又沒有把這個負能量投遞給特定一個人，不會讓人家有壓力。

我從頭到尾恐懼的，不是權威，而是同儕。

隨著知名度變高，同儕變成大眾。成名變成必經軌跡。

當我一次次用行動突破，考題強度只會一次次變高。佛陀和老子的成道存於神話。我不敢稱自己覺醒，因知曉未來也會與這個十二年國教帶來的創痛廝殺。我的人生主題，註定會使我不斷面向大眾，然後不斷穿越，面向更多的大眾，又再不斷穿越。

寫到這裡，並沒有結束。

關鍵正要開始。

你的人生創傷與最大恐懼，及一路走來所有的難忘發生，其實和你的人生主軸與自我實現是貼合的，俗稱天命。

／／／

每個人都需要愛，每個人都覺得自己不被愛。

愛，是一個原始母體，形同老子的「道」，分散的所有子體，每個人都不同，而不同個體對於愛最主觀的詮釋，即是我們的人生主題（天命）。

故而，我們從小到大所遭遇的經驗，無論滿足、痛苦或迷惘，若將這些經驗收束，會發現都是為服務那個存於大愛之下的「子題」，而當每個人的子題被綜合在一起，會形成一個共創型態。倘若有可能四海匯流，每個人的子題相互融合，會是大愛的能量，四海一家。

曾幫幾個好友梳理脈絡，發覺有個朋友的愛的子題是「自我支持」，他不需別人理解他或認同他，一旦所作所為都能被無條件支持，於他就是舒服的關係，然而他的生命軌跡卻經常遇到不被支持，甚至凡事都需要由他扛起責任的狀態。

另外，他經常碰到讓自己不愉快的人事物，皆和對方不負責任、不願承擔有關。因其人生主題就是「自我支持」，那麼就會遇到和「不支持與支持」相關的情境。

有朋友的子題是「自我認同」，自小就被家人照顧得很好、人際關係極佳，只是他的藝術品味特殊，出社會後處處碰壁所帶給他的感受都是品味不被認同，致使一旦有人願意認同其才氣，他便會很快和對方交流，卻容易讓自己身陷險境。

有朋友的子題是「自我陪伴」，自小都獨立在國外生活工作，常遭遇重大事件時無人在身邊的孤獨，他對陪伴這件事格外看重，自然反覆遇見以為會陪伴在他身邊的人卻無故離開的境況。

我想被愛。

那份愛，映照我的生命經驗，子題是「自我理解」。

因同儕與老師的不理解，我一度將自己躲進殼裡，獨自在事業、愛情和性關係盲目亂衝，結果往無間地獄更沉淪。我必須自救，而我自救的方式，就是想盡辦法用文字呼喚，我必須求救。

我想要世界了解我的奇怪。

那我就要走出來，讓世界看見我。

這份「盼望人家理解我」的需求和匱乏，變成了一篇又一篇限動與文章，然後居然就紅了。

可是這個紅，是真實的，也是幻象。

渴望被愛、渴望被理解，此為人類基本需求，完全是對的、是沒有問題的。但，為何我會提到匱乏？

因早年寫文章，儘管是因「渴望理解自己」而寫，及「渴望被他人理解」而寫，但是我對這份渴望抱有期待的。我想要表達出來的自己是被人接受的。假設有人不願意理解我，我便感到自憐與憤怒，或第一時間以自以為瀟灑地姿態說，「人家必然是匱乏才如此，他對我是投射。」

這句話是對的，卻不是絕對。

一旦心裡存有不舒服與在意，那麼這份感覺就需要被重視，因說出「別人才匱乏」這句話的你，仍舊第一時間把焦點投向外界。

一個自我價值無比明確，又對自己格外了解及深愛自己的人，眼見對方明擺說一個不是事實的東西，到底有什麼好解釋或爭辯？（除非涉及到毫無證據的毀謗，那麼法律是個好東西）

我看到了自己這個部分。

想被理解、努力表達自己不是錯。同樣地，你必須尊重別人表達的自由，理解別人為何會這樣詮釋，包含人家胡亂拆解你的作品。

人家到底願不願意看見匱乏是人家的事，反而那個努力用一篇又一篇文章解釋的我，才是我最需要看到的。一個人想被愛合情合理，但你的確無法強迫別人在你做自己的時候選擇愛你，那終究是別人的選擇，包含可能因這樣他疏遠你。

既然渴望人家理解我，那麼我也必須理解「他人的理解」與我不同。

最大的自愛，是即便千萬人無法理解你，你仍能把這份萬千的不被理解也擁抱進來。神奇地是，這會有一股強大能量場在你身上復活。那才是真實的自我理解，奠基於此的分享與表達，才更加無所畏懼。

與其發文譴責是他人匱乏，我更欣賞坦然說出，對，我就是好在意，在意到快瘋了，在意到反覆跟周遭朋友講我好冤枉呀。既然在意，那就別假裝，請你重視與接納你的在意，把強悍的盔甲卸下來，方是真正的強大。

神奇的狀態發生了。

當我不再期待他人無條件理解我，依然故我地暢所欲言、盡力表達自己的觀點；當我來到見山是山（用心表達卻無意識抱有期待），見山不是山（用心表達卻被期待影響而不再純粹），再回來見山是山（用心表達卻不再抱期待）

我的生命又迎來一個翻轉。

／／／

我的經紀人Summer，為我處理所有工作雜事，陪伴我出席各個品牌活動及專訪，在一旁拍攝影音花絮。作家收入並不穩定，她卻接受我開出的薪資條件，甚至做得盡心盡力。

我曾不解地問Summer：「妳到底圖我什麼？妳需要什麼就直接跟我講。」也強調如果未來能發展得更好，我想給她更多。

Summer愣了一下，「妳是不是並不相信，我是真心地對妳好？」

「妳不需要給我更多。妳的文章療癒我很多年。我認為做這些是報恩。妳就放心地享受我對妳的好，可以嗎？」

一次和姐妹葉穎聊天，她也說過類似的話。要我不需要憋著哀傷與憤怒，也不用擔心在她面前報喜。

「我就算不耐煩又怎樣？我再不耐煩也不會離開妳，妳就是要對我有這種信任。」

葉穎並非第一個講這種話的朋友。我的高中姊妹蘇蔓，甚至連我生氣大哭，都覺得我好可愛。我有一堆這樣的朋友。

及，前輩L帶過我的讀者班，事後向我反饋，瑞希，妳沒有辦法想像妳的讀者有多麼愛妳。「他們愛妳絕不是妳漂亮可愛又聰明，是妳給了他們非常多無比真實的東西。」

原來我已經被愛。我已經得到了我所渴望的理解。

只不過在抵達全然地知曉自己「已經被愛」的情境，我獨自跨越了靈性長征。我必須扎實踏過翻騰的火焰，卻在踩進火的一瞬，發現自己長年觀看的烈火，根本只是一踩就碎的霧。它並不存在。

以前會思索，哪可能所有創傷源頭都跟童年及青少年有關？直到以書寫重返那些印象深刻的回憶，方知無論記憶帶來的是滿足還是痛苦，那股放大自身喜悅與恐怖的情緒，有八成是存於童年及青少年。

因為，那個時間點的孩子是沒有力量的。

無論被迫活在體制內如國民教育，或尚未抵達經濟獨立、僅能靠親人養育到成人，期間父母師長無意識給予的引導，甚至同儕群體的影響，無一不是創傷培養皿。

困住你的牢籠，就是你的人生主題。

以我來說，因不被理解的經驗，我先通過以錯誤方法向外追逐理解，再到以錯誤的心態向外追逐理解，最終明白我必須先理解自己、並和矛盾和解，再做出脈絡一致的行動，那麼會有一種更大的愛，遠遠超過恐懼。

曾經我寫道，愛與恐懼是雙生，而今卻親身體驗到了——**有一個更大的自我的愛，能超越恐懼、溶解幻想**。這才是真理。

許多人被童年事件帶著走，因當年自己還沒有辦法長出力量，即便成年追逐社會地位和穩定經濟，潛意識仍被兒時那個「沒有力量的自己」箝制，卻忘了你已經長大，你可以掙脫，你是平安的。

甚至，一旦試著掙脫一次，用行動打破兒時輪迴，物質世界和精神世界的禮物，反而真正降臨在你身上。

靈性成長的本質，不在於找一個「終極答案」，每次書寫或表達都不是直線而是螺旋式的前行，於是這種過程，你會經歷的不僅是被看見的欣喜，包含被誤解的挫折，被批評的痛苦，或別人對你的成長並沒有耐心，直接果斷說你是錯的。到後來，你欣然接納這一切，逐漸理解他人與自我和解的平和。

我認為自我表達拯救了我，在文字與聲音向外拋擲的同時，一邊摸索、觀察與調整自己的複雜性，並醒覺某些看似矛盾的面向不會在某一刻消失，是隨著創作的深入而逐漸揭示。

如何拚盡全力用不同形式的呈現方式，發出我的聲音，肢體、音樂、散文、小說、廣播等等，我認為這個行動比顯化管用。

那是你的力量，不是其他人給你。

這是極美且野生，尤其當你把不同潛意識的人格通過你自己創造形式表達出來，你會驚嘆每個你像鑽石切割面，你那麼完美，根本不需修改任何。這是我深愛藝術形式的表達的原因。

我還是忠於徒手創建，而非跟隨一個人或一群人找什麼答案。

不追求完美，不強調結果。

是我跟自己的辛巴達。

國家圖書館出版品預行編目資料

好久不見，靈魂伴侶 / 高瑞希作 . -- 初版 . -- 臺北市 : 三采文化股份有限公司 , 2025.02
面；　公分 . -- (愛寫；64)
ISBN 978-626-358-556-0(平裝)

1.CST: 自我肯定 2.CST: 自我實現 3.CST: 生活指導

177.2　　113017352

◎封面圖片提供：
VerisStudio / Shutterstock.com
Rudchenko Liliia / Shutterstock.com

◎內頁圖片提供：
Queso - stock.adobe.com

◎作者照片提供：
高瑞希

suncolor 三采文化

愛寫 64

好久不見，靈魂伴侶

作者｜高瑞希
編輯四部 總編輯｜王曉雯　執行編輯｜袁沅
美術主編｜藍秀婷　美術編輯｜方曉君　封面設計｜謝佳穎　版型設計｜郭麗瑜
專案協理｜張育珊　行銷企劃專員｜許羽沛
內頁編排｜郭麗瑜　校對｜周貝桂

發行人｜張輝明　總編輯長｜曾雅青　發行所｜三采文化股份有限公司
地址｜台北市內湖區瑞光路 513 巷 33 號 8 樓
傳訊｜TEL:8797-1234　FAX:8797-1688　網址｜www.suncolor.com.tw
郵政劃撥｜帳號：14319060　戶名：三采文化股份有限公司
本版發行｜2025 年 2 月 27 日　定價｜NT$420